VoG Verlag ohne Geld e.K.

n.18

Ada Zapperi Zucker è nata a Catania. A Roma ha iniziato gli studi di canto e pianoforte per poi concluderli alla Musikhoschule di Vienna. Insegna canto in Germania e in Sudtirolo.

Ha collaborato al *Dizionario Biografico degli italiani dell'Istituto Treccani, all'Enciclopedia dello Spettacolo* e *all'Enciclopedia Universo De Agostini.*

Cantante lirica ha svolto la sua attività prevalentemente all'estero, soprattutto in Austria e Germania. Col pittore sudtirolese Gotthard Bonell ha studiato pittura e partecipato a diverse mostre.

I suoi scritti letterari hanno ottenuto vari riconoscimenti nazionali e internazionali, le più importanti sono:

2017	Menzione d'onore *Casentino,* per il romanzo *La casa del nonno*
2015	Primo Premio *San Domenichino* per i racconti *La Cucchiara*
2012	Primo Premio *Casentino* per il romanzo *Teatro di ombre*
2012	Premio *Stiftung Kreatives Alter,* Zurigo, per i racconti *Le inquietudini della sora Elsa*
2011	Primo Premio *Chianti*, per il romanzo *Il silenzio*
2008	Primo Premio *Giovanni Gronchi,* per i racconti *La scuola delle catacombe*

Ada Zapperi Zucker

Un'infanzia quasi felice

Racconti

VG

Verlag ohne Geld e.K.
München

Erste Auflage / Prima Edizione 2-2018
Zweite Auflage / Seconda Edizione 9-2018

ISBN 978-3-943810-21-9

Registergericht München HRA 99261
www.verlagohnegeld.de
Impaginazione: Heinz Weih
Editing: Fabio Zamboni
In copertina: Ada Zapperi, *Due zucche,* 1996

a **Naomi, Nelio, Gioia, Lilly, Anne**

cinque nipotini amati, che sono riusciti a riconciliarmi con la mia infanzia mai dimenticata.

Un'infanzia quasi felice

Racconti

A Lilly, l'ultimo raggio di sole
venuto ad illuminare di infinita tenerezza la mia vita.

Il mio punto di vista

Mi presento: mi chiamo Tina, ho tre anni e otto mesi. Qualche giorno fa sono riuscita a impossessarmi di un aggeggino che usa sempre la mamma per parlarci dentro e ho deciso di fare lo stesso anch'io. Temo sia un discorso piuttosto lungo, ma tanto io ho una quantità di tempo a disposizione, senza contare che nessuno mi ascolterà nei secoli futuri. In realtà mi propongo di dimostrare di avere ricordi e opinioni sul mondo e sulla vita in generale come nessuno riesce a immaginare: con queste mie riflessioni intendo dimostrare il contrario, soprattutto agli increduli. Che sono tanti.

Dunque, tutto incominciò nel momento stesso in cui una forte spinta, proveniente non so da dove, mi costrinse a passare attraverso un canale stretto come un accidente. Un affare non da poco, anche perché alla fine, per sopravvivere, o meglio per togliermi da quell'impaccio e farla finita, ho dovuto aprire una porta a forza di colpi di testa. Una fatica immane, posso confermarlo ancora oggi, anche perché continuo a sognare quasi ogni notte lo stesso martirio. Ma per fortuna riesco sempre a svegliarmi in tempo, cioè prima dell'ultimo sforzo, terrorizzata, anzi fuori di me dallo spavento. Mi calmo soltanto quando qualcuno mi solleva dal letto nonostante i miei tre anni e più, mi prende in braccio e mi coccola un poco, con voce assonnata, per non dire rassegnata.

Con sollievo mi accorgo allora che si è trattato soltanto di un sogno e basta.

Come dimenticare poi le urla di quella persona che in seguito venne fuori essere mia madre, cioè colei che fino a quel momento mi aveva portato in grembo? Chi l'avrebbe detto: la mamma, proprio quando avrei avuto più bisogno di aiuto, non ha fatto niente, proprio niente per venirmi incontro, anzi ha continuato a spingere per costringermi a passare lungo quel canale stretto e buio, gridando a più non posso.

Dandomi un gran fastidio.

Cosa che continua a fare ancora adesso.

«Attenta, lo scalino. Stai ferma lì, non ti muovere. Non toccare l'interruttore della luce, quante volte ti devo ripetere di non mettere le manine dappertutto? E smettila di saltare nelle pozzanghere che ti bagni tutta.» E così via. Inutile stare ad elencare le frasette proibitive che mi sento ripetere giorno dopo giorno. Sempre la stessa solfa. Neanche fossi scema! Non ha ancora capito che devo fare le mie esperienze, che devo scoprire il mondo... che ci starebbe a fare il mondo se non venisse scoperto da me?

Senza dire che altrimenti mi annoierei a morte.

Lei mi chiuderebbe in gabbia, cosa che del resto ha tentato di fare, molto tempo fa, con la scusa di insegnarmi a muovere i primi passi: una specie di girello con le ruote, di età antidiluviana. Naturalmente lo aveva portato la nonna. Secondo loro avrei dovuto trascinarmelo dietro! Chiaro che mi sono messa a urlare, rifiutandomi di fare anche un solo passo. Così sono state costrette a rimettermi in libertà, con grande delusione della nonna.

«Ai miei tempi tutti i bambini hanno imparato a camminare così. Questa bambina è particolarmente capricciosa... » Ha sentenziato scuotendo la testa. Lo so, fin dal primo momento ha avuto questa opinione di me e nessuno riuscirà mai a farle cambiare idea.

Ma torniamo a quel fatidico momento, quello che ho sentito dire dalla mamma viene definito "il trauma della nascita". E loro lo chiamano trauma! Io lo chiamerei il momento più pericoloso che una povera creatura innocente, senza alcuna colpa, deve affrontare per vedere la luce del sole. Ma chi lo vuole vedere questo sole? Me lo ha chiesto qualcuno, forse? Io avrei preferito continuare a nuotare in quel liquido tiepido, nella semioscurità, ben protetta, ben nutrita, per tutti i secoli a venire. E invece niente. Sono stata costretta a vedere la luce del sole, che fra l'altro mi acceca gli occhi; con estrema crudeltà poi sono stata separata con un colpo netto dalla fonte di ogni mio benessere. Ho sentito una voce che diceva "ma lo avete tagliato quel benedetto cordone ombelicale?" Subito c'è stato perfino qualcuno, credo lo stesso del cordone ombelicale, che ha pensato bene di assestarmi un bel colpetto alla schiena per farmi tossire, ha detto, e io sorpresa, anzi spaventata, mi sono messa a urlare a più non posso, sputando una quantità di liquido. I miei primi urli, in quella che qui tutti chiamano "vita".

Non sapevo di avere una voce; in quel luogo dove mi trovavo prima sentivo dei suoni provenienti dall'esterno, attutiti dalla parete che mi separava dal quel mondo: io stessa me ne stavo zitta e buona e dormivo, più o meno tranquillamente, cullata da certi movimenti provocati dalla persona che mi portava. A volte mi preoccupava il pensiero di quel mondo che si annunciava da fuori; sentivo infatti certe voci: "signora, questa è una bambina" e un'altra voce, sempre la stessa che ormai conoscevo. "Una bambina? È sicura dottoressa? Mio marito avrebbe preferito un maschietto... "

Allora sono una bambina, ho pensato la prima volta, chissà cosa vorrà dire, ma come fanno a saperlo? "Guardi, signora, la vede la sua bambina?" Io non vedevo nessuno e quelli di fuori vedevano me! Una bella indiscrezione. E un'altra volta, la stessa voce di prima: "Signora, di certo è una bambina... glielo assicuro... suo marito dovrà mettersi il cuore in pace e tentare una seconda volta" e l'altra voce subito: "sa, ma noi abbiamo pianificato un solo bambino... ". Mi chiedo ancora adesso cosa significhi pianificare. Ad ogni modo io sono stata pianificata, ma devono aver sbagliato qualcosa. Una grande incognita per me: mi avrebbero accettata anche così? Certo mi arrovellavo: che ne sarebbe stato della mia esistenza e... come avrebbe reagito il marito della persona che mi portava dentro la sua pancia? Avevo la testa piena di pensieri, riflessioni, e qualche nera previsione sul futuro che forse mi aspettava dietro quella porta.

E infatti, urlando, sono entrata definitivamente in questa, definita dalla nonna – così almeno dicono si chiami una donna anziana che viene a trovarci soprattutto quando la mamma esce per fare spese – "una valle di lacrime". Non so perché una valle e confesso di non sapere neanche cosa sia; anche la parola mi sembra strana: valle... valle, me la ripeto senza trovarci neanche un po' di gusto.

A proposito: ho scoperto che il mondo è pieno di parole strane.

Quanto poi a lacrime, lì so già di cosa si tratta. La mia cosiddetta vita è cominciata proprio così, lacrime e lacrime che non volevano uscire dagli occhi. Non so più perché piangevo, o meglio urlavo, senza lacrime però. Un mistero che non chiarirò mai.

O forse. Forse comincio a ricordare un enorme vuoto. Sì, un vuoto dentro e fuori di me; un indefinibile senso di abbandono, di solitudine e soprattutto un enorme spazio fra me e me. Non riesco a spiegarmi: era come se fra me e me si fosse interposto un grande vuoto. Un passato senza futuro, cioè solo un presente privo di significato, di speranza. Ecco perché piangevo. A volte mi sorprendo ancora adesso in questa disperata situazione: solitudine e vuoto, e nessuna via d'uscita. Mi accorgo allora di piangere chiudendo gli occhi, proprio come quando ero piccina piccina.

A pensarci bene, non avevo lacrime perché urlavo a occhi chiusi. Mah, in fondo non è così importante, non si può sapere tutto. E poi un bel giorno, senza alcun motivo, mi sono accorta che quando piangevo certe goccioline venivano fuori dagli occhi… incredibile, e mi piacevano tanto, perché avevano un gusto piccante e mi lavavano la faccia senza acqua. Una cosa molto strana. Ho sentito subito una voce che diceva: "guarda, piange con le lacrime!" E così adesso so piangere anche con le cosiddette lacrime, proprio come i grandi.

La mamma, o meglio la persona che si autodefinisce "mamma", dice che sono una bambina piagnucolosa. Ha mai pensato perché piango? Io sì, ci ho pensato, anzi ho fatto profondissime riflessioni sul fatto che i bambini piangono spesso, anzi urlano a più non posso.

Oltre al problema del vuoto e della solitudine, se ne aggiunge uno, sempre più attuale: l'impotenza. Proprio così.

Noi bambini viviamo in piena dittatura: infatti ci dobbiamo sottoporre alla volontà degli adulti, giorno per giorno, ora per ora, minuto per minuto. Vorrei vedere loro se dovessero obbedire continuamente a un qualche tirannello che detiene il potere assoluto. Sia ben chiaro: tutti i bambini del mondo vivono in una società fondata sulla dittatura degli adulti, convinti, come tutti i dittatori, di avere sempre ragione. A noi nessuno chiede mai cosa vogliamo: se vogliamo mangiare e cosa vogliamo mangiare; dormire e meglio ancora non dormire; giocare o soltanto osservare il mondo e fare i nostri esperimenti. Loro decidono per noi, sempre "per il nostro bene", così dicono tutti i tiranni del mondo, e a noi resta solo una possibilità: gridare. Non conosciamo un altro sistema di protesta.

A proposito del pianto dei bambini potrei scrivere pagine e pagine; ogni volta che sento qualche mio collega piangere (bella la parola collega, la dice sempre papà e quasi quasi mi sembra di capire che si riferisce a tipi come lui) comincio a interpretarne la portata o meglio l'espressione: c'è il pianto di protesta, e quello mi sembra di averlo già scritto; ma anche di stanchezza, di noia, di rabbia e quello più straziante, di disperazione.

Oh, i bambini disperati mi fanno tanta pena.

Odio i genitori snervati, impazienti, irritati per i loro problemi personali; io quelli li infilerei diritti diritti in prigione. Ecco un'idea colossale: costruire una prigione solo per genitori impazienti e snervati. Senza considerare quelli violenti che picchiano i bambini per ogni piccola cosa, sfogando su di noi, creature indifese e in ogni caso innocenti, le loro private frustrazioni.

Ho riflettuto a lungo e sono arrivata alla conclusione che c'è molta gente che non meriterebbe di avere bambini, perché non si rendono conto della grande fortuna di avere accanto delle creature meravigliose, del tutto eccezionali. Non so se per ignoranza o cattiva volontà, questi cosiddetti genitori non sono in grado di capire la nostra lotta quotidiana per guadagnarci un posticino in questo mondo fatto da loro e per loro. Non certo per noi bambini. Non sanno cosa sia la sorpresa di una scoperta; non vedono come noi le meraviglie della natura, gli alberi, il cielo, gli altri esseri umani. Forse se ne sono dimenticati, perché penso che anche loro siano stati bambini come noi. Infine, per concludere, questo enorme pensamento: gli adulti non sono capaci di amare. Questa parola però mi rende allergica, preferisco sostituirla con un'altra parola più seria: rispettare. Non sanno cosa sia il rispetto verso l'altro e per il mondo intero. Sotto la parola "amore" gli adulti riescono a nascondere una tale quantità di soprusi, di sopraffazione, perfino di maltrattamenti, che farebbero bene a cambiarla con un'altra parola. Basta. Preferisco non soffermarmi su questo tema, mi rattrista troppo.

Meglio tenere le mie riflessioni per me stessa.

Alla mamma piace mettere un'etichetta su tutte le cose. Io sarei, sempre secondo la sua definizione, una "bambina", e mi chiedo, ogni tanto, cosa sia una bambina: forse un adulto in formato ridotto? D'altra parte non so neanche cosa sia un adulto... non so ancora come definirli. Meglio sarebbe dire: creature viventi che si reggono su due gambe, senza coda e senza peli, come i cani e i gatti. Ma di questo voglio parlare più tardi.

Inutile stare a chiedersi troppe cose, l'ho già capito. Uno meno si fa domande e più vive tranquillo. Anche questo l'ho sentito dire dalla nonna: forse perché ha i capelli bianchi ha il diritto di sputare sentenze a ogni piè sospinto. Inoltre ho scoperto che questa donna in realtà è la mamma di papà, cioè la suocera della mia mamma, una cosiddetta parente d'acquisto... accidenti quante cose so! Tutta roba che ho sentito dire.

Una parente d'acquisto. Ma allora anche i parenti si possono comprare, come per esempio due banane o un succo di frutta? E io non sapevo niente di niente! Figurarsi, pensavo che le banane e tutto il resto si trovasse in casa in qualche modo. Confesso di non essermi mai chiesta da dove venisse tutta la roba che riempie il frigorifero. Allora tutto si può comprare! Questa sì è una scoperta. Ammetto di non averci speso neanche un pensiero, prima, quando ero piccola. Basta. Non si finisce mai di imparare, come dice sempre la nonna.

Vorrei concludere con un sospetto: la mamma esce di casa per fare spese, appena arriva lei, appunto per non sentire le sue sentenze e non perché abbia veramente bisogno di comprare qualcosa.

In quanto a sospetti poi, avrei molto da dire. Ci sono persone decisamente sospette. Io lo vedo a colpo sicuro. Ho una specie di sesto senso. Non capisco perché sesto... ce ne sono altri ancora di sensi? e quanti? Confesso di aver imparato a contare fino a tre, proprio il numero dei miei anni, ma la storia del sesto senso mi è rimasta fissa in testa. Tornando al mio sesto senso, per esempio quella donna che struscia il pavimento della casa con uno straccio, sparpagliando lo sporco da una parte all'altra e mi chiama "patatina" è molto sospetta!

«Patatina, cosa hai combinato? Patatina non sporcare il pavimento, patatina vieni qui, dai un bacio alla tua tata.» Io mi sento offesa anche perché, dato che qui tutto ha un nome, anche a me ne è stato appioppato uno.

«Caterina, non toccare! Caterina vieni qui dalla tua mamma... Caterina fai la brava.» E chi è questa Caterina? Ci è voluto qualche tempo prima di capire che si trattava di me. E cioè: Caterina significa bambina. È per questo che mi hanno chiamato così. A me sarebbe bastato chiamarmi Bambina, invece di quella brutta parola. Caterina. Che significa? Io non riesco neanche a pronunciarla, questa brutta parola. Io dico soltanto Tina, eliminando tutto il resto, assolutamente superfluo. Ecco. Che mi si chiami Tina e basta. Invece la mamma, – anche lei ha un altro nome, cioè Pera. Papà, la nonna e tutte le persone che vengono da noi dicono Piera, guai però se anch'io mi permetto di chiamarla Pera... la ‚ie' non mi riesce – quella donna dicevo, che crede sempre di sapere tutto e detta legge dalla mattina alla sera e anche di notte, continua a chiamarmi Caterina. Lei sì ha la testa dura, non io. Infatti mi si mette davanti e dice:

«Ripeti, Ca-te-ri-na... su, da brava, ripeti... » e così via. Io ogni volta dico: Tina. Tina e basta. E lei si arrabbia.

«Tina è un nome banale... » e mi piacerebbe sapere cosa è banale. Mi chiedo allora perché mi abbia dato un nome che con estrema facilità può diventare banale.

Ma lasciamo stare la storia del mio nome, perché mi irrita ancora.
Sto pensando piuttosto, perché solo io devo chiamarla mamma mentre tutti gli altri possono dire soltanto Pera. Arrivati a questo punto tutti dovrebbero chiamarmi Bambina e non Caterina... per un senso di giustizia!

Io so già cos'è la giustizia. Soprattutto l'ingiustizia, cioè il contrario di giustizia e devo subito dire che non è stato difficile capirlo. Abbastanza presto mi sono accorta che ognuno ha un suo particolare senso della giustizia; in parole povere: la giustizia non è uguale per tutti.

Sono molto fiera di questa frase: *in parole povere*, l'ho presa al volo da un tipo che passava per strada e parlava concitatamente con una donna... ma si tratta di un'altra storia. Subito ho pensato: ci saranno anche le parole ricche?

Devo ammetterlo: una formidabile riflessione. Mi riferisco alla giustizia che non è uguale per tutti, anzi la chiamerei addirittura "l'idea del secolo", per quello che possa significare questa frase, ma l'ho sentita da qualcuno e l'ho subito incamerata: *l'idea del secolo* mi sembra un'espressione grandiosa, da riempircisi la bocca, anche se non so cosa sia il secolo, ma l'idea so cos'è.

Io infatti ho la testa piena di idee... ma forse si chiamano pensieri. Purtroppo non conosco la differenza fra idea e pensiero. Devo informarmi. Ad ogni modo mi piace impadronirmi di frasi che sento di sfuggita. Mi incuriosiscono, anzi mi divertono. Ho l'impressione che il mondo sia pieno, strapieno, addirittura traboccante di parole, anzi di frasi, e io mi devo affrettare a impararle tutte, a non perderne neanche una; un compito che occuperà gli anni avvenire... anche questa una frase della nonna. *Gli anni avvenire*! E adesso mi viene il dubbio su cosa sia questo avvenire.

E prima? Cosa c'era prima? Io a volte ho l'impressione di portarmi dietro un enorme bagaglio di cognizioni, di sapere; un mondo di sapere che non posso spiegare. E intanto sono affascinata dalle parole! *Bagaglio* (è la valigiona di mamma quando andiamo in vacanza); *Cognizione* lo dice spesso papà; *Sapere*... una parola che gira dappertutto: immagino sia la somma di tante, tantissime cose, altrimenti non la direbbero tante persone adulte. Noi bambini non la usiamo mai, forse perché sappiamo assai poco.

«Caterina è una bambina capricciosa.» Ecco un'altra etichetta che mi è stata appiccicata fin da piccina. Una frase assolutamente odiosa. Secondo la mamma e altra *gente che preferisco non nominare*, (l'ho sentito dalla nonna quando sparla di qualcuno) io sarei capricciosa perché non ho intenzione di fare quello che vuole lei, mi diverto a contraddirla e anzi mi permetto di avere una volontà indipendente dalla sua.

Mi devo subito correggere.

Posso contraddirla soltanto per modo di dire, dato che non so ancora parlare così svelta come lei. E questo mi fa venire il nervoso. I miei pensieri sono più veloci della mia lingua. Questo è il fatto. Mentre lei parla più velocemente dei suoi pensieri; sono convinta anzi che parli senza neanche pensare sul serio a quello che dice.

Ci ho riflettuto questa notte, mentre ero sveglia dopo il solito brutto sogno del tunnel nero e della porta da sfondare.

Qui, ufficialmente, la mia conclusione: man mano che si diventa grandi si comincia a perdere la facoltà di pensare, cioè, per spiegarmi meglio e qui sarebbe utile la frase *con parole povere*, i grandi parlano senza pensare a quello che dicono, mentre io e tutti i bambini del mondo, pensiamo prima di parlare. Ogni bambino si porta fin dalla nascita un enorme serbatoio di pensieri. E nessuno lo sa! Infatti pensavo anche prima di parlare, con la voce: io ricordo cosa mi frullava per la testa – credo che i pensieri nascano in testa e dove sennò? Nella pancia forse?. Ho sentito però una donna non ben identificata che diceva appunto che le sue parole provenivano direttamente dalla pancia. Mah! Chissà come faceva a parlare la sua pancia. Forse c'era già una bambina in attesa di percorrere quel famoso tunnel. Ma non voglio perdermi in speculazioni.

Questa sì è una bella parola, "speculazione", l'ho sentita di nuovo dalla nonna. Lei dice che ci sono dei grandi speculatori che danneggiano il mondo e papà le ha subito dato ragione. Mi piacerebbe tanto conoscerle, queste persone che speculano a danno degli altri. Chissà come fanno. Devo concludere che le speculazioni hanno qualcosa di negativo?

Meglio lasciar perdere.

Questi discorsi li sentivo tempo fa quando, distesa nella carrozzina, qualcuno mi portava a spasso. Guardavo quel poco che si può vedere appunto da una carrozzina, sufficiente però per farmi un'idea del mondo, della gente. Soprattutto delle chiacchiere della gente. Proprio allora – ancora non avevo nessuna intenzione di mettermi a discutere con nessuno – ho imparato moltissimo, posso dire, tutto il *sapere* del mondo. Mi sembrava di essere una specie di foglio bianco su cui ognuno poteva scrivere quello che voleva; o meglio ancora, una spugna come quella della mia vaschetta per il bagno. Assorbivo tutto, nel bene e nel male, anche se non so ancora con precisione cosa sia il bene, e che differenza ci sia fra il bene e il male. Certo, secondo la mamma, è male tutto quello che voglio fare di testa mia, mentre è bene tutto quello che dice lei. E su questo ci sarebbe molto da discutere.

Basta così. Queste riflessioni mi portano troppo lontano.

La prima grande scoperta, dunque, è stato il cielo, una meraviglia azzurra, così credo si chiami il colore del cielo. Immensa. Senza fine. Lì c'è posto per i movimenti più azzardati: capriole, salti. Si può spaziare senza il timore di scontrarsi con lo spigolo di un mobile, con una sedia, uno scalino, un sasso. Niente, al massimo con una nuvoletta, ma quelle sono leggere, per lo meno mi sembrano lievi come un soffio, o come la nebbia che vedo in bagno, quando la mamma fa scorrere l'acqua calda nella vasca e io so già che mi ci infilerà dentro, che io lo voglia o no.

Deve essere fantastico andare in giro per il cielo, come fanno gli uccellini. Infatti la mia seconda grande scoperta sono stati proprio gli uccellini. Il parco ne è pieno. E questi strani esserini vestiti di piume, spesso di colori diversi, sanno volare appunto nell'immensità dello spazio divertendosi un mondo, ne sono certa. Altrimenti non volerebbero tutto il giorno. Poi si siedono sul ramo di un albero per riposarsi e cantano, cinguettano, fanno dei versi: sono le loro parole. Io ne sono convinta, parlano in una lingua che capiscono solo loro. Una volta, tanto tempo fa, quando ero ancora tanto piccina, ho anche pensato stupidamente che fossero i primi tentativi per imparare a parlare come noi. Una specie di balbettio come appunto facevo io, solo ai, ai, e più avanti ti ta, ti ta, per esercitarmi. Errore. Loro parlano una lingua uccelliera (l'ho inventata lì per lì, visto che non ho trovato una parola adatta) fatta solo di suoni, come la musica che è bellissima.

E non hanno bisogno delle nostre stupide parole per esprimersi.

Mi sembra di aver sentito dire che fanno viaggi lunghissimi, in varie parti del mondo; ho riflettuto a lungo e sono arrivata alla conclusione che anche se si spostano nei paesi più diversi, la loro lingua resta sempre la stessa. Cioè si capiscono sempre, dappertutto! Non hanno bisogno di imparare una lingua straniera, come sta facendo papà, visto che deve andare assai lontano, oltre l'oceano, così credo di aver capito, e per questo deve "rinfrescare il suo inglese scolastico". Per quello che questa frase voglia dire: rinfrescare una lingua. E così ogni sera esce per fare un corso di rinfresco. Ad ogni modo, tornando agli uccellini, loro non hanno bisogno di rinfrescare un bel niente. Si intendono in tutto il mondo, hanno solo bisogno di un albero, di questi giganti con una gamba sola che dominano il parco, sempre fermi nello stesso posto.

È chiaro perché, con una gamba sola non possono certo correre!

Questa idea mi è venuta dopo lunga riflessione: gli alberi sono ben piantati in terra perché non hanno due gambe e tanto meno quattro come tutti gli altri esseri viventi; per non cadere hanno bisogno di grosse radici sprofondate negli abissi della terra e se ne stanno lì, giorno e notte, in attesa che un uccellino si posi su un ramo e racconti loro tutto ciò che ha visto durante i suoi grandi viaggi. Perché volando in giro ne vedono tante di cose e ascoltano tutti i pettegolezzi degli altri animali. Forse anche degli umani... magari capiscono solo gli altri uccellini... chi mi assicura?

Ma la cosa più straordinaria è che parlano cantando!

Questo lo chiamo un miracolo della natura.

Ho sentito questa frase da non so più chi: "*un miracolo della natura*" e mi è tanto piaciuta che mi sono ripromessa di ripeterla alla prima occasione. Chissà la faccia della mamma quando dirò: "le mie scarpette nuove sono un miracolo della natura".

Io sono sicura che il mondo è pieno di alberi, altrimenti dove andrebbero a posarsi gli uccellini?

Mi piacerebbe poi sapere cos'è un oceano.

Tornando a questa notte e al solito brutto sogno, sempre lo stesso ormai da anni – e devo dire che ne ho abbastanza – mi chiedo: che ci stanno a fare i sogni, perché continuano a disturbare le mie notti?

Anche la mamma sogna? e il papà? E perché non si svegliano urlando, come faccio io? Forse perché dormono insieme, nello stesso letto, mentre io devo starmene sola, proprio sola sola col mio amato orsetto. Ci penso e ripenso: piango perché mi sento sola, abbandonata da tutti e il mio piccolo compagno non sa parlare, non riesce a consolarmi.

Ora sono occupata dal pensiero della solitudine notturna; ho scoperto che quando la mamma mi mette giù per un pisolino pomeridiano, mi sveglio senza piangere.

Qui è necessaria una grande riflessione.

Non piango perché aprendo gli occhi rivedo il mondo intorno a me, mentre di notte vedo solo ombre scure, mostri orrendi, bocche spalancate pieni di denti aguzzi, occhiacci di fuoco.

Ma forse non è neanche questo il motivo del mio pianto notturno.

Posso dire soltanto che sono terrorizzata e i sogni sono responsabili di tutto questo. Lo so, perché di giorno non sogno niente di importante, mentre di notte vengo aggredita da non so che immagini o creature orribili.

Ora mi chiedo: da dove vengono i sogni e chi li manda? Come fanno a entrare nel mio cervello o in qualche altra parte dentro di me, per poi apparirmi durante la notte? Forse sono acquattati nella mia cameretta e aspettano il buio per uscire. Ma come faccio a vederli, se dormo, se cioè ho gli occhi chiusi? Perché li vedo anche tenendo gli occhi ben chiusi, anzi, soprattutto se li tengo chiusi! Ora ho deciso che è meglio aprirli, gli occhi, anche al buio. Così spariscono i sogni.

A pensarci bene, temo proprio che i sogni non spariranno mai, anzi sono convinta che facciano parte di quel famoso bagaglio che mi porto dentro da prima della nascita. Magari sono sogni di qualche altra bambina, forse della mamma quando era bambina e chissà, anche lei se li portava dietro dalla sua mamma, l'altra mia nonna che non ho mai visto perché, mi hanno spiegato, è in cielo. Così ho una nonna in carne ed ossa (forse più ossa che carne... sarò cattiva?) e una fatta di non so cosa che abita molto in alto, forse su una nuvola e non si fa mai vedere. Una volta ho pensato, durante una grande pioggia, ma proprio grande grande: magari di colpo piove giù anche la nonna e così finalmente potrò vederla. Ho chiesto alla mamma se aveva visto la sua mamma mentre cadeva giù e lei mi ha soltanto guardato sbalordita:

«Certo, ho visto la mia mamma... prima che volasse in cielo... » Sarà poi diventata un uccello, un grande uccello, ho pensato. Ma non ho osato dirlo ad alta voce.

Tornando ai sogni, non ne ho mai parlato con nessuno, anche perché non so ancora formulare certi pensieri o riflessioni, cioè farne delle frasi di senso compiuto. Ma ci penso quasi ogni notte, o meglio tutte le volte che mi sveglio in preda al terrore.

Mi riprometto però di parlarne quando sarò grande. Già. Quando sarò grande? Ecco un problema che mi assilla: diventerò come la mamma? O peggio ancora, come la nonna? Certo non come papà. Questo ormai lo so e non ho bisogno di nessuna spiegazione. L'ho visto nudo e so che ha davanti, al posto del mio buchino, un qualcosa, un pezzetto di carne che pende in modo assai buffo.

«Non mostrare l'uccello alla bambina» ha subito urlato la mamma. Io invece avrei voluto vedere un po' meglio quell'uccello: papà ha un uccellino addosso, ho pensato, fantastico! Mi aspettavo che si mettesse a cantare, magari a volare e invece niente. E poi non ha neanche le piume. Che razza di uccello è se non canta, non vola e non ha le piume? Confesso poi che il tono di voce della mamma mi ha piuttosto sconcertato. Perché la vista del cosiddetto uccello di papà, che poi non lo è affatto, l'ha tanto sconvolta? Che c'è di male? Forse era la prima volta che lo vedeva lei. E perché gli ha affibbiato un nome che non c'entra per niente? Insomma, si tratta del solito imbroglio che gli adulti usano per nascondere la loro ignoranza.

A proposito. Ecco un'altra parola che ancora non ho capito: adulti. Praticamente sono tutti quegli esseri a due gambe che si differenziano per statura, e vorrei aggiungere arroganza, dai bambini, la categoria cui appartengo io. Ogni cosa qui è suddivisa in categorie... ma meglio lasciar perdere, questi pensieri mi porterebbero assai lontano e per il momento ho altri problemi, molto più importanti, da risolvere.

Cominciamo con una domanda che mi procura più di un mal di testa, e devo dire, seriamente: se ho capito bene, anch'io sono destinata a diventare un'adulta. Credo si tratti di qualcosa cui nessuno possa sottrarsi, un po' come il famoso "trauma della nascita", una specie di destino: ecco una parola che sento uscire solo dalla bocca della nonna. Lei parla sempre di destino, gli altri non ne tengono alcun conto. Forse si tratta di qualcosa di assai vecchio, antiquato. Non più attuale. Proprio come lei.

Passato di moda.

Ecco, la moda. Questo riguarda solo la mamma.

«La nuova moda di quest'anno... » oppure «non è più di moda.»

Non ho ancora capito di cosa parla.

Ma devo ammettere che spesso non capisco di cosa parla con tanta intensità al telefono, per ore, mentre io strillo perché ho fame, ho sete, mi annoio, voglio sentire la voce al telefono, sono stanca o voglio soltanto un oggetto messo troppo in alto.

Lo so. Lo fa apposta. Infatti è una specie di gara a chi arriva prima: basta soltanto che guardi qualcosa perché lei subito:

«Non toccare, giù le manine... attenta che si rompe... ti puoi fare male.» Insopportabile, una vita da galera. Se potesse mi terrebbe legata al termosifone tutto il giorno. Ho un vago ricordo: una volta ha pure tentato di farlo, ma ero molto piccola, stavo muovendo i primi passi e lei aveva dichiarato più volte che la casa stava diventando insicura... non so se era la casa insicura o io. Il mio urlo però deve averle raggelato il sangue, perché l'ha riportata alla ragione.

È proprio vero.

I bambini devono educare le proprie mamme, affinché non facciano troppe sciocchezze.

Ormai mi sono fatta un'idea molto chiara della situazione: per non so quale motivo, gli adulti non vogliono che i bambini capiscano certe cose, e così si mettono a parlare usando termini assai difficili, non di tutti i giorni. O meglio, per sottintesi, e questo lo odio in modo particolare, perché dietro ogni sottinteso si nasconde per principio qualcosa di vergognoso, di indicibile, di cattivo. Se posso permettermi un consiglio: sarebbe meglio non dirle, quelle cose, addirittura non pensarle nemmeno.

Sto perdendo il filo.

Voglio tornare al problema di come evitare di diventare adulti. Temo non ci sia una via d'uscita. Non so come spiegare la mia posizione: non mi piace essere una bambina cui si può proibire tutto, proprio tutto; ma non voglio essere adulta, perché gli adulti non mi piacciono neanche un po'. Un bel dilemma! (che bella parola! me ne sono innamorata: *dilemma, dilemma* potrei ripetere questa parola mille volte al giorno, con qualche difficoltà, lo ammetto).

E qui devo fare qualche confessione. Il giorno in cui decisi che era arrivato anche per me il momento di intromettermi, di dire la mia, scoppiò la bomba: formulare le parole che mi frullavano in testa era un affare assai complicato, più complicato di quanto pensassi. Intanto la lingua, benché mi fossi esercitata già da moltissimo tempo con suoni tipo: a... a...ai... ai... e poi ma...ma, o anche pa... pa, con grande soddisfazione di papà (la mamma ne fu gelosa, me ne accorsi subito) il seguito fu molto più difficile. Ma di questo ho già parlato a proposito degli uccellini.

E va bene, mi ripeto. Niente di male se penso alle continue ripetizioni che sono costretta a sentire ogni giorno. Ma torno a bomba. Anche questa una parola che mi piace tanto: bomba. *Torno a bomba*, l'ho sentito qualche giorno fa, per strada e già mi aspettavo che succedesse qualcosa. Invece la mamma ha continuato a camminare, così non ho potuto sentire il seguito. Chissà cosa è accaduto, dopo.

Le parole, dicevo, mi venivano in mente ma la lingua si rifiutava di pronunciarle. Che rabbia. Ora posso dirlo: fu il periodo più irritante della mia vita. Ero impaziente e davo terribilmente ai nervi a tutti, soprattutto alla mamma. Lei mi si metteva davanti e cercava di spiegarmi come dovevo parlare... avrei voluto gridarle: "lo so molto bene, non ho bisogno di spiegazioni tecniche: è la lingua che non vuole obbedire".

Fu necessario un lungo e paziente esercizio. Ogni giorno, ogni minuto. Anche di notte, se mi svegliavo, cominciavo ad esercitarmi. Quando finalmente riuscii a dire "Tina" ed ero molto fiera, perché mi era costata una fatica da cani, la mamma fu subito pronta a correggermi... ma questo l'ho già detto.

A proposito dei cani, devo subito dire di avere una bestiola che porto sempre con me. Un orsetto. Lui dorme con me, sta seduto in carrozzina insieme a me, e per concludere, non potrei immaginare la mia giornata senza di lui. Per non dire la notte. Lui è sempre, sempre, sempre con me. Credo che mi abbia insegnato il sentimento più consolante, più dolce che ci sia: l'amore. Il mio orsetto mi ama e anch'io lo amo, teneramente. Di questo sono certa. Credo sia venuto al mondo insieme a me, perché è il mio primissimo ricordo, al di fuori del seno che mi ha nutrito. Quello è senza dubbio il primo ricordo. Fin dalla nascita. Questo però non vuol dire che lo abbia amato come ho subito amato il mio orsetto. Quel seno ha significato la prima grande fatica, necessaria per togliermi quel senso di contorcimento che provavo allo stomaco: ricordo soprattutto come strillavo per il dolore. Per liberarmi da quella brutta sensazione ero costretta a succhiare con tutta la mia forza. Il latte, così lo chiamava la nonna, il sangue di tua madre aggiungeva riempiendosi la bocca di questa parola, questo cosiddetto latte non era poi così buono, ma riusciva a togliermi quei terribili dolori di pancia. E sono arrivata al punto di urlare se non mi davano quel famoso latte materno, e che liberazione quando finalmente si sono decisi a darmi una bottiglietta, che chiamavano biberon, molto più facile da succhiare. Incredibile. Ero costretta a urlare perché capissero che avevo terribili dolori di pancia. Ma lasciamo perdere, quegli anni non sono stati una passeggiata per nessuno: l'ho sentito al solito dalla nonna. Sempre lei se ne viene con frasi assai caratteristiche... mi sembra una specialista del linguaggio parlato.

Il mio orsetto invece non mi ha mai costretto a fare nessuna cosa e mi è stato accanto, silenzioso e discreto, in tutti questi anni, consolandomi con la sua sola presenza, soprattutto di notte. Ho cercato di capire perché lo amo tanto: è per il suo odore. Lui ha un odore assolutamente particolare, sì, tanto simile al mio stesso odore, devo ammetterlo. Con lui non mi sono mai sentita sola, perché è come un altro me stessa, un doppione di me, per essere più chiara. Non so come spiegare questo sentimento. Anche nei momenti di grande disperazione lui riesce a consolarmi. E io conosco la vera disperazione; il dolore immenso, senza confini; il tremendo senso di abbandono; la solitudine completa in un mondo nemico: so di cosa parlo. Non si tratta di capricci, come dice quella persona che chiamo mamma. Secondo lei io vivo di capricci, dalla mattina alla sera e non si accorge di sbagliare. Di non capire cosa mi succede. Ma lasciamo perdere.

Per esempio mi vuole costringere ad andare la mattina in un posto dove ci sono tanti altri bambini, tutti sconosciuti, petulanti, curiosi. Lei lo chiama asilo infantile. In parole povere, un luogo insopportabile. E c'è sempre qualcuno che strilla, mi strappa un gioco dalle mani, mi fa i dispetti, mi tira i capelli e peggio ancora vuole il mio orsetto. Niente, lei dice che devo imparare a stare con gli altri bambini e basta. Figurarsi, ha tentato di liberarsi di me quando avevo appena un anno, ma per fortuna la nonna si è opposta. Ha ripetuto come sempre (lei comincia ogni discorso allo stesso modo):

«Ai miei tempi i bambini si tenevano in casa fino a tre anni mentre oggi le donne moderne trovano tutte le scuse per andare in giro a spendere soldi!» Ne è venuto fuori un bel litigio, ma la nonna quella volta stava dalla mia parte e l'ha spuntata. Ammetto di esser stata costretta a restare con la nonna più del necessario, ma sempre meglio che andare in quel posto. Ora da qualche mese la mamma è tornata alla carica, io punto i piedi e cerco di resistere come posso, mentre lei mi tira e la nonna non può fare più niente perché da poco è stato festeggiato il mio terzo compleanno.

Accidenti.

È inutile, io ho capito tutto, la mamma vuole soltanto liberarsi di me, almeno di mattina, per poter chiacchierare con le sue amiche senza essere disturbata. E tutto con la scusa che devo 'socializzare', un'altra di quelle parole che capiscono solo gli adulti. A me non interessa niente di 'socializzare', purché mi lascino in pace.

Lui, il mio orsetto, mi asciuga le lacrime e mi incoraggia. Se potesse parlare, mi direbbe: "su Tina, anche questo giorno passerà." È anche accaduto che un bambino, un selvaggio, ha cercato di strapparmelo dalle braccia, il mio orsetto. Confesso di aver strillato come la sirena della polizia. Avevo ragione, no?

Il mio orsetto ancora non ha imparato a parlare e devo dire che ho fatto vari tentativi, con grandissima pazienza, di insegnargli almeno una parola. Perché nei suoi momenti di solitudine mi possa chiamare, come faccio io con la mamma... infatti sono sicura che anche lui conosce la solitudine, il senso di abbandono totale.

Me lo sono messo davanti e gli ho detto: «su, ripeti da bravo orsetto: Ti-na.» Ma lui niente. Mi guarda con i suoi occhi dolci e non risponde. C'è da farsi venire la disperazione. Mi è capitato varie volte di sognarlo e nel sogno parlava! Mi diceva "ti-na". Ogni volta ne sono stata così felice che mi sono svegliata. Ecco. Io mi sveglio anche quando sono felice, non soltanto quando vengono i mostri con gli occhiacci di fuoco. Ma allora non piango. Mi stringo il mio orsetto fra le braccia e subito dopo mi riaddormento.

In fondo so che sa parlare, è soltanto la sua lingua che non funziona.

Quando la notte piangevo, e questo lo faccio da quando sono nata, arrivava sempre una mano che mi metteva una specie di tappo in bocca, per farmi tacere. Lo chiamano, perché qui tutto ha un nome, succhiotto. Un brutto coso. Alla prima occasione, cioè appena mi è stato possibile, quando sono stata in grado di muovere i primi passi senza l'aiuto di nessuno, l'ho buttato nella tazza del gabinetto e ho tirato l'acqua: avevo già visto come fanno i grandi. Bisogna premere un qualcosa e l'acqua viene giù, come per miracolo. Così mi sono sbarazzata di quell'oggetto e nessuno più ha potuto tapparmi la bocca.

Mi chiedo perché tutto debba costare tanta fatica. Prima di tutto nutrirsi succhiando a più non posso a quel famoso seno, facendo una fatica del diavolo (chi è questo diavolo? lo sento nominare sempre da papà: è stata una fatica del diavolo, dice sempre appena ha fatto qualche piccolo lavoretto da niente) tanto che ogni volta mi facevo una bella sudata; poi le prime pappe, cioè ho dovuto imparare a deglutire della roba indefinibile per gusto e consistenza, quando io avrei preferito mangiare quello che mangiavano i cosiddetti adulti, spaghetti al sugo, carne ai ferri, per non parlare delle albicocche, delle ciliegie e di tante altre cose che loro si godono ogni giorno. Devo subito confessare di aver fatto la guerra finché hanno finalmente capito cosa volevo. La nonna subito:

«Si è mai vista una bambina di un anno che mangia spaghetti? In che tempi viviamo... gliele fate passare tutte, state rovinando questa povera creatura, vedrete il mal di pancia poi... » che non ho mai avuto, con grande soddisfazione della mamma.

Ma non ho ancora finito.

Io volevo alzarmi, assolutamente, mentre la mamma mi rimetteva giù, legandomi anzi alla carrozzina per non farmi cadere, questa la scusa, mentre io avrei voluto camminare e magari spingere la carrozzina. Niente. Non me lo permetteva e poi devo confessarlo: le mie gambe non mi reggevano come avrei desiderato io! Un disastro. Mi chiedo perché si nasce così piccoli, imbranati, deboli. Meglio lasciar perdere, vedo che la mia testa è piena di domande cui mi è impossibile trovare una risposta.

Ho fatto esercizi di ginnastica (una frase che ridendo ripeteva sempre la nonna) portandomi i piedi in bocca, anche per sentirne il sapore, lo ammetto. Adesso, per esempio, non potrei più farlo. Segno che mi sto arrugginendo. Se ho capito bene, vuol dire che sto invecchiando. (Ho sentito anche questa frase dalla nonna). Quando poi sono riuscita ad alzarmi da sola è cominciato il dramma dell'equilibrio: le gambe mi avrebbero sorretto, lo sapevo, ma c'era qualcosa che mi spingeva sempre giù. Che rabbia. Per andare avanti ero costretta a usare anche le mani, proprio come un cane o un gatto. Infatti la mamma diceva che avevo preso a gattonare, e lo raccontava a qualcuno, al telefono, piuttosto preoccupata, perché aggiungeva che adesso niente era più sicuro.

Il mio orsetto non ricorre mai a questi mezzi assai umilianti per muoversi. Lui preferisce farsi portare da me. E fa bene. È molto più dignitoso. Io invece per un lunghissimo tempo sono stata costretta a vedere il mondo dal basso, da sotto il tavolo, sotto la sedia, sotto le gambe di qualcuno. E tutto sembrava estremamente grande e irraggiungibile. Appena potevo, mi appoggiavo a una sedia, al muro, a un appiglio qualsiasi, per tirarmi su, perché sapevo che se continuavo a usare anche le braccia non sarei mai riuscita a correre come gli altri; anche gli uccellini sono assai veloci sulle due zampette, l'ho osservato al parco. Ho pensato che se avessero dovuto usarne quattro, di zampe, magari avrebbero fatto una gran confusione e mai sarebbero riusciti a correre.

Ma devo subito ricredermi, perché il nostro gatto, con quattro zampe, riesce a essere più veloce della mamma, e lei ha soltanto due gambe. Devo smettere questa storia delle zampe e delle gambe, perché mi accorgo che nel mio ragionamento qualcosa non funziona.

E la fatica di parlare, dove la mettiamo? Come posso dimenticare questo terribile ostacolo, visto che ci combatto ancora, ogni giorno, specie quando ho fretta di dire la mia? La mamma trova sempre la stessa scusa: non mi capisce, e anche gli altri cosiddetti adulti non mi capiscono, neanche parlassi una lingua straniera. Ma lo so che lo fanno apposta. Io sono chiarissima, sono loro che non vogliono capire.

Non voglio poi pensare alla tortura dei denti, perché sono venuta al mondo senza neanche un dente, mi vergogno a dirlo. Una grande ingiustizia. Ancora non so se sia stato un caso isolato, se cioè tutti i bambini del mondo nascono senza denti. Ad ogni modo, devo concludere che chi ha inventato tutto questo deve avere qualcosa contro i cuccioli degli umani.

Ci ho pensato, a lungo.

A casa abbiamo una gatta che mi gira sempre intorno e spesso si accoccola sul mio petto, e puntualmente la mamma si mette a urlare. Non so perché. Questa gatta, si chiama Mimì, ha avuto alcuni gattini, non so quanti, perché la mamma li ha subito dati via. Bene. Ora ne abbiamo uno solo, piccolo e tanto carino. E quello sa già fare tutto! Intanto ha subito camminato, un po' barcollando sulle zampette, è vero, ma soltanto per poco, poi ha imparato a leccare la scodella del latte e sa anche miagolare, proprio come sua madre, cioè ha subito imparato a parlare la sua lingua, non fa la pipì addosso, sa dov'è il suo gabinetto e basta, si comporta alla perfezione. Questo mi ha fatto capire che i gattini e tutti gli animali appena nascono hanno molto meno difficoltà dei bambini, dei piccoli umani.

E questo mi sembra estremamente ingiusto.

A chi devo rivolgermi per protestare?

Dimenticavo un particolare molto importante: ho cercato di prendere il gattino per guardare dentro la sua bocca e vedere se anche lui non aveva dentini. Non lo avessi mai fatto. Mimì è partita come una furia e mi ha dato una zampata che ha lasciato il segno. Ora me ne sto alla larga e non mi interessa più né il gattino e tantomeno la Mimì. Il mio orsetto mai mi avrebbe graffiato come ha fatto quella bestiaccia.

Inoltre non ha neanche gli artigli.

Oggi è successa una tragedia greca. Anche questa una parola che soltanto adesso capisco nella sua vera portata. Prima la usava sempre la nonna per ogni piccola cosa insignificante, per cui non ci avevo dato molta importanza. Invece oggi posso dire che cos'è una tragedia: solo che non credo sia greca.

Mentre dormivo la mamma ha messo il mio orsetto nella lavatrice, perché, ha detto, dopo tre anni era necessario lavarlo. Io me ne sono accorta quando ormai era troppo tardi. Me lo ha infatti dato già asciutto e ben pulito. Io però ho capito subito che qualcosa non era più come prima. Non soltanto il colore era diverso… la lavatrice si è portata via soprattutto l'odore del mio orsetto. E cioè di me stessa.

Ho pianto disperata e la mamma, forse per la prima volta, ha capito il motivo della mia disperazione, benché non le abbia detto che il mio orsetto non era più quello di prima. Ma non so come, mi ha capito, forse perché il mio pianto era diverso dal solito.

Adesso ho un orsetto che assomiglia al mio orsetto ma non è lo stesso; ha perso la parte più essenziale, posso dire la sua piccola anima, perché una volta la nonna ha detto che tutti abbiamo un'anima. Ho chiesto se anche le cose hanno un'anima e lei, dopo averci riflettuto un po' ha detto no, soltanto le creature viventi hanno un'anima. Io volevo sapere che vuol dire creature viventi, se cioè anche gli alberi, gli uccellini, la Mimì, e il mio orsetto sono creature viventi e quindi hanno un'anima. La nonna ha riflettuto ancora, questa volta più a lungo. Sì, ha risposto, tutto ciò che vive ha un'anima! Ecco perché penso che il mio orsetto nella lavatrice abbia perso la sua anima, quella di prima, per acquistarne una nuova.

Alla quale dovrò abituarmi, se voglio continuare a tenerlo con me.

È stata una vera tragedia greca, come dice sempre la nonna.

In questa occasione però ho scoperto cos'è l'anima. La nonna non è stata in grado di spiegarmi niente. Mi ha risposto con la solita frase che so già a memoria:

«Sei troppo piccola per queste cose... aspetta a crescere, poi lo capirai da sola.» E invece io ho fatto le mie riflessioni: il mio orsetto è sempre lo stesso, solo il suo odore è cambiato, cioè la sua anima. Devo allora concludere che l'anima è in realtà l'odore! Infatti ogni essere vivente ha un proprio odore, inconfondibile, unico, che lo differenzia da tutti gli altri esseri viventi.

Ci voleva tanto per capire una cosa così semplice? E non è stato neanche necessario crescere per capirla. Bisognava soltanto pensarci su e basta.

A Naomi, la prima nipotina tanto desiderata.

Il nido dei pettirossi

«Perché mi guardi così?»

La bambina continuò a fissare la madre, la bocca piena, senza masticare né ingoiare.

«Mangia e non guardarmi con quegli occhi... » e non volle continuare perché sul momento non seppe riconoscere, o non volle, la carica di odio che quegli occhi infantili sapevano esprimere. La bambina restò a lungo col boccone in bocca. Immobile. La nonna intervenne conciliante.

«Mädi, non vedi che la mamma si arrabbia? Inghiotti, almeno... »

Mädi, una bambina di cinque anni, biondissima, esile, un visino compunto in una serietà che andava oltre i suoi pochi anni, non si mosse. Continuava soltanto a puntare lo sguardo sulla madre con la stessa espressione ostile, socchiudendo gli occhi quasi per fissarla meglio. Finalmente inghiottì quel boccone ormai nauseabondo che la madre le aveva voluto infilare in bocca, benché non avesse finito di mangiare quello precedente: aveva lasciato fare, come sempre, la bocca così piena da non poter neanche masticare e tanto meno dire una parola. Impassibile. E piena di odio.

Odiava la madre ma non ne era cosciente. Le due donne, anche se in modo diverso, le erano nemiche. Sentiva che nessuna delle due l'aveva desiderata; se voleva continuare a vivere doveva scendere a compromessi e tacere, per non aggravare ulteriormente la propria situazione. Questo lo aveva capito fin dalla nascita. La madre finì di mangiare, – la nonna aveva preparato due uova fritte per loro tre e una insalata di pomodori –. La bambina si alzò. Subito l'urlo rabbioso della madre:

«Chi ti ha dato il permesso di alzarti? Siediti e ti alzi soltanto quando te lo dico io.» Mädi si sedette di nuovo e continuò a fissare la madre con lo stesso sguardo di prima, pieno di rancore. E la madre, sempre con lo stesso tono:

«Se credi di farcela con me, ti sbagli. Te la insegno io l'educazione. I bambini non si alzano prima degli adulti. Quante volte te devo ripetere? E smettila di guardarmi così… »

La nonna raccolse i piatti e andò in cucina intanto che borbottava fra sé:

«Neanche tu, da piccola, conoscevi le regole della buona creanza. E se ci penso bene, neanche adesso le conosci.» Anche lei, da piccola, era stata caparbia, indisponente; più di una volta si era divertita a provocarla a sangue, sicura della protezione del padre che stravedeva per lei.

A conti fatti, neanche lei aveva desiderato quella figlia… quale donna desidera veramente avere bambini? si era chiesta più di una volta nel corso della sua vita. Si tratta di una sorta di convenzione sociale, e nessuno ha il coraggio di confessarlo neanche a se stessa. In fondo per colpa di quella figlia aveva dovuto sposare un uomo che, lo sapeva già allora, o almeno lo aveva supposto, avrebbe avvelenato il resto della sua vita con la gelosia, l'avarizia, la meschinità. Più di una volta nel corso di più di trent'anni si era chiesta come avesse potuto lasciarsi andare al punto da mettersi con un tipo come quello. Ma era giovane, allora, e lui, pur di averla, le aveva fatto toccare il cielo con un dito, mentendo sempre, dal primo all'ultimo momento. Ancora adesso non le piaceva ammettere di aver capito fin dal primo incontro con chi avesse a che fare, – benché in quanto a uomini non fosse proprio alle prime armi–. Purtroppo non aveva fatto i conti con una gravidanza. Per una donna rimanere incinta prima del matrimonio è sempre un problema, ma in quel particolare periodo storico, quando cioè il suo Paese era stato da poco annesso alla grande Germania nazista, sarebbe bastato assai meno per mettere se stessa e la propria famiglia nei guai. Senza contare che quel bell'imbusto era sposato con un'ebrea... più di una volta le era venuto il dubbio che si fosse servito di quella gravidanza per ottenere il divorzio nel giro di qualche settimana, non mettendo sul conto la necessità di doverla sposare poi, volente o nolente. Una faccenda poco pulita e piuttosto ingarbugliata. Come del resto tutte le storie di matrimoni... chissà perché la gente si sposa, aveva concluso.

Ripensando a tutto questo, non poté trattenere un sospiro di sollievo. Da qualche anno aveva riacquistato la sua libertà. La morte può essere una liberazione, pensò, soprattutto per chi resta.

«Mamma, posso lasciarti Mädi per qualche ora? Ho dimenticato di dirti che ho un appuntamento dall'avvocato, per le tre.» Mädi non si mosse dalla sedia, in attesa del permesso della madre, che intanto aveva già dimenticato tutto.

«Mamma, posso alzarmi?» Sussurrò infine. La madre scattò subito.

«Perché parli così piano? Non ti mangio mica, sai! Alzati, che fai lì seduta?... la nonna crederà che hai paura di me.» Alla nonna non interessava sapere se la nipotina avesse paura della madre; lei ripeteva di aver allevato da sola i suoi bambini, – il che non era vero, perché allora viveva ancora con sua madre, una donna all'antica, paziente e generosa – e che ognuno si curasse dei propri figli. A ogni richiesta della figlia che tentava di lasciarle la bambina si innervosiva, diceva di non aver tempo, di aver preso altri impegni, sempre pronta a uscire. In queste occasioni le due donne si fronteggiavano come due iene.

Mädi, temendo una scenata fra la madre e la nonna per colpa sua, uscì di corsa e andò in giardino. Si sedette sotto un albero di mele, sempre lo stesso, e guardò il muro della casa, dove si arrampicava una vecchia edera. Ben nascosto fra il fogliame, aveva scoperto un nido di pettirossi. Già da qualche giorno aveva infatti osservato come i due genitori andassero avanti indietro con un vermicino nel becco per cibare i piccoli. Li sentiva anche pigolare. Fra poco avrebbero lasciato il nido e lei aveva deciso di assistere al primo volo. Forse uno, il più debole, incapace di usare le ali, sarebbe caduto giù e lei, pronta, lo avrebbe salvato! Aveva già architettato un piano ben preciso: avrebbe messo un piede su un certo ramo in basso, da lungo adocchiato, mentre con una mano ne avrebbe afferrato uno più in alto, stando ben attenta a non cadere. Poi, sollevando il braccio con l'uccellino in mano, lo avrebbe avvicinato al nido, incoraggiandolo a tornare a casa: vedeva tutta la scena davanti a sé.

Ma c'era un problema assai grave che l'assillava più di ogni altro: il giardino era frequentato dal gatto del vicino. Negli ultimi tempi lo aveva visto sempre più spesso, di certo anche lui molto interessato a quel pigolio. Una volta lo aveva perfino sorpreso mentre tentava di dare un'occhiatina fra il fogliame dell'edera. Si era arrampicato, il birbante, facendo finta di inseguire un calabrone, ma Mädi aveva subito capito che si trattava di un trucco e lo aveva scacciato via. Ormai si sentiva responsabile della vita dei piccoli e faceva la guardia ogni momento che la madre le permetteva di uscire in giardino. Da giorni aspettava con grandissima pazienza che accadesse qualcosa.

Dalla casa le arrivarono le voci delle due donne. Come previsto, stavano litigando. Sapeva che la madre doveva andare dall'avvocato per via del divorzio. Già da qualche tempo il fratello maggiore non abitava più con loro. Era stato stabilito che lui vivesse col padre e lei con la madre. Nessuno aveva chiesto il suo parere, forse perché troppo piccola, ma anche perché a nessuno interessava conoscere la sua opinione; lei infatti avrebbe preferito vivere col padre, e meglio ancora con i nonni paterni. Ma gli adulti avevano deciso per lei. Non aveva osato protestare, tanto sapeva che non sarebbe servito a niente; inoltre avrebbe corso il rischio di prendersi qualche schiaffo dalla mamma, che a sua volta si sentiva rifiutata da tutti. Forse per questo era sempre irritata. Neanche Mädi riusciva a volerle bene, benché ci avesse provato varie volte.

Mentre invece le mancava tanto il fratello. Ne aveva una tale nostalgia che spesso la sera, nel suo lettino, infilava il visetto sotto il cuscino per nascondere le lacrime al suo orsacchiotto, soffocando i singhiozzi fino a quando riusciva ad addormentarsi.

Ricordò come una mattina la madre avesse segato il letto matrimoniale in due parti uguali. Una furia scatenata. Svegliata da quel fracasso era corsa a vedere cosa stava accadendo. Si era subito bloccata davanti alla porta spalancata della camera dei genitori, sbalordita, senza capire niente. Allora abitavano ancora nella vecchia casa, dove era anche nata. Il ditino della mano destra, automaticamente, era andato a finire dentro la sua bocca. Lo faceva tutte le volte che doveva riflettere su qualcosa, ma anche quando si smarriva in mille pensieri sconnessi o era soltanto triste. Il letto disfatto, i materassi buttati per terra, la madre che segava la testata di legno per mettere fine alla sua unione con quell'uomo, il padre di Mädi, col quale era sposata da poco più di otto anni. Una scena che sarebbe rimasta impressa nella sua memoria per tutta la vita.

Ma allora non lo sapeva.

«Levati quel dito dalla bocca. Quante volte te lo devo ripetere!» E passandole accanto le aveva mollato una sberla in pieno viso. Mädi barcollando, ancora mezzo addormentata, si era subito tolta il dito dalla bocca: la mamma aveva ragione, glielo aveva già proibito mille volte.

«Non startene lì impalata, vai a vestirti.» Era tornata nella sua cameretta, che ancora per poco tempo avrebbe diviso col fratello.

Mädi era molto lenta in tutte le cose che faceva, un motivo di irritazione per la madre che in questa lentezza vedeva un ulteriore segno di protesta contro di lei. Il fratello, più grande di lei di quattro anni, spesso, per non sentire le solite sgridate della madre, si era dato da fare con calze e scarpe per aiutarla a finir prima; una volta, nella fretta, gliele aveva infilate alla rovescia. Lei non aveva protestato, se le era tenute così tutto il giorno, senza alcun fastidio. Nessuno si era accorto di niente, neanche la mamma. Soltanto la sera, quando se le era tolte, aveva provato un incredibile sollievo e aveva ragionato sulla necessità di avere due scarpe diverse dato che i piedi erano inspiegabilmente diversi!

Spesso interveniva il padre che non sopportava quel continuo sbraitare e allora finivano col litigare anche fra di loro. Sembravano due cani arrabbiati e spesso volavano piatti e altri oggetti: qualche volta si erano perfino picchiati. Scene selvagge che non avrebbe mai dimenticato. Mädi, appena cominciavano ad alzare la voce, correva a nascondersi, turandosi le orecchie con due ditini.

Certo adesso era meglio. Lei e la mamma erano andate ad abitare dalla nonna, almeno finché non si fossero chiarite le cose, aveva sentito dire, perché la nonna voleva vivere da sola, finalmente, senza figli e senza obblighi familiari.

La nonna era una donna molto strana; non si immischiava nella sua educazione, anzi la lasciava libera di fare quello che voleva. Ma non la difendeva quando la mamma era ingiusta con lei, come aveva sempre fatto il suo papà, preferiva starsene alla larga cercando di evitare ogni discussione con la figlia. Da sola con lei, sembrava un'altra persona. Era perfino allegra, le cantava una canzoncina per bambini, quella con le ochette nel pantano che le piaceva tanto e le dava qualche pezzetto di cioccolata, cosa che la madre proibiva in modo categorico, perché dannosa ai denti e alla salute in generale, diceva. La mamma proibiva una quantità di cose, soprattutto quelle che piacevano a lei: le caramelle, il cioccolato, i gelati, sempre perché, secondo lei, le rovinavano l'appetito. Si era sempre chiesta come si potesse rovinare qualcosa che non c'era. Perché lei non aveva mai fame e mangiare era un tormento. Anche per la mamma. La nonna invece non si curava di niente, la lasciava fare e le dava tutto quello che voleva.

Ma soltanto quando erano sole.

La mattina assai presto, ancora prima che si alzasse la mamma – Mädi doveva andare a letto già alle sei del pomeriggio, quando non era ancora buio – scendeva piano piano le scale e andava in cucina dove la nonna stava filtrando il caffè. Dalla cameretta sotto il tetto dove avevano messo il suo lettino, sistemato fra casse, mobili e qualche poltrona sfondata della bisnonna, sentiva il profumo del caffè e veniva giù, scalza e in camiciola, sicura che la nonna le avrebbe dato una tazza di latte caldo con un goccio di caffè. A lei piaceva quella macchiolina scura che man mano si allargava fino a sparire. E anche una fetta di pane con molto burro, le dava, con un pezzetto di cioccolato sopra. La mamma diceva che il caffè non è buono per i bambini e il burro fa male a tutti, ma la nonna, quando erano sole, gliene metteva su uno strato alto un dito, guardandola con una sorta di complicità. A Mädi piaceva tanto quel pane, lo mangiava con gusto, e benché non sentisse di aver fame assaporava ogni boccone e non lo teneva a lungo in bocca, perché voleva godere subito del prossimo, soprattutto quando scopriva un grumetto di burro in più. Per la prima volta, da quando era nata, conobbe anche lei il piacere di mangiare. La nonna sorrideva soddisfatta. Anche a lei piaceva il pane col burro, ma con tanto burro.

Quello era il più bel momento della giornata.

Poi scappava in giardino. Un giorno aveva notato due uccelletti assai indaffarati, due pettirossi, una coppietta molto carina. Andavano e venivano tutto il giorno, sempre nella stessa direzione, un angolino dietro l'edera che copriva il muro della casa; la nonna le spiegò che se portavano rametti, erba e altro nel becco era chiaro: avevano intenzione di metter su un nido per i loro bambini. Quando però vedeva nel loro becco dei vermicini, i piccoli erano già nati, e allora era solo questione di giorni. Avrebbero preso il volo e non li avrebbe visti mai più. Ora trascorreva le sue giornate seduta sotto lo stesso albero di mele, in osservazione.

E in guardia. Per via del gatto.

Ogni tanto lo vedeva passare, indifferente, come fanno i gatti, senza neanche gettare un'occhiata da quella parte, quasi avesse dimenticato l'esistenza degli uccellini; ma lei sapeva che era solo una finta. I due pettirossi dopo un certo periodo di agitazione, – la presenza della bambina li disturbava e peggio ancora il gatto – si erano assuefatti e quasi non si accorgevano più di lei, che da parte sua non si permetteva neanche di respirare. Da quando i piccoli erano usciti dal guscio, e ne sentiva il pigolio, avevano un gran daffare, tutto il giorno: uno stress senza fine, avanti e indietro, alla ricerca di vermi per riempire chissà quante bocche sempre affamate.

«Mädi. Vieni subito qui.» La madre la chiamò col solito tono impaziente. La bambina fece finta di non sentire; da qualche minuto sembrava che qualcosa si stesse mettendo in movimento, nel nido, e non voleva perdere quel momento così importante. Uno dei pettirossi volò in picchiata, – non lo aveva fatto mai prima – e si fermò su un ramo di fronte, un poco distante dal nido. Non perse tempo. Con insistenza prese a squittire, quasi un segnale convenuto. Era chiaro: chiamava i piccoli. Mädi capì che era arrivato il momento tanto atteso.

«Lo so che mi hai sentito... vuoi che ti venga a prendere per un orecchio?» Per la prima volta ebbe coscienza di quel sentimento che covava già da tempo dentro di lei, un odio più grande di lei, incontenibile, capace di travolgere e distruggere mondi, universi. "Se adesso viene, i piccoli si spaventano e non escono dal nido" pensò e gattoni, strisciando sull'erba per non disturbare gli uccellini, si avviò verso casa.

«Che gioco è questo? Alzati e vieni subito qui, non mi far perdere tempo con le tue stupidaggini.»

Mädi, sempre gattonando, si allontanò il più possibile dal muro dell'edera prima di alzarsi in piedi.

Ormai non avrebbe più visto il primo volo dei piccoli, pensò disperata. E il gatto non aveva ancora fatto il suo giro abituale. Quel furbacchione di sicuro aveva intenzione di venire in sua assenza.

Tutta quella manovra indispettì ulteriormente la madre che le venne incontro, zoppicando, aveva una gamba più corta dell'altra, e l'afferrò per un orecchio.

«Quando ti dico di venire, devi spicciarti e non giocare agli indiani.» Mädi si mise a piangere. Le faceva male l'orecchio, ma più insopportabile era il dolore di non poter vedere il primo volo dei piccoli pettirossi. Senza contare il gatto.

«Perché piangi? Sempre piagnucolosa, da quando sei nata... »

«I pettirossi stanno per uscire dal nido» singhiozzò intanto che si massaggiava l'orecchio. La madre l'aveva lasciata quasi subito.

«Che pettirossi? Di che stai parlando? Ho altro per la testa io... » La nonna, intanto che riordinava la cucina, aveva sentito quel battibecco. Ebbe pietà della bambina. Lei sapeva del nido di pettirossi.

«Perché te la prendi sempre con lei? Che ti ha fatto...?»

«Neanche io ti ho fatto niente e mi hai sempre messa da parte, per anni mi hai messa da parte... »

«Sempre la stessa storia. Devo sentirla tutta la vita?» La nonna sbatté la porta e andò a chiudersi in camera.

Quello era un nodo che non si sarebbe sciolto mai.

«Andiamo dalla vicina di casa, forse ti permetterà di giocare con i suoi bambini... e tu, mi raccomando, fai la brava, sennò sai cosa ti aspetta, quando torno.»

Con quei bambini Mädi non voleva giocare. Erano tre maschietti, tutti e tre più grandi di lei e si davano un sacco di arie perché andavano a scuola. Da quando abitava dalla nonna era costretta a passare qualche ora con loro, nel loro giardino, e doveva sempre fare lo stesso gioco in cui lei era sempre la bambina piccola e sciocca che non sa neanche parlare: ci fosse stato il fratello, sospirava. Una volta aveva tentato di spiegare che in autunno anche lei sarebbe andata a scuola, così aveva detto la mamma, ma loro, sghignazzando, non le avevano neanche permesso di finire, anzi avevano continuato a sbeffeggiarla, tirandola da tutte le parti:

«Kindergarten... Kindergarten[1]»... Erano così odiosi che avrebbe voluto piangere, ma aveva resistito per non dargliela vinta. Ogni volta si riprometteva di non tornarci più, non fosse stato per la mamma... ora decise che alla prima occasione sarebbe tornata a casa, con la scusa che la nonna la stava aspettando. Nel frattempo avrebbe raccomandato all'Angelo Custode i piccoli pettirossi. Che almeno lui stesse attento al gatto.

Già da molto aveva imparato a dire montagne di bugie, un peso enorme per la sua piccola anima, soprattutto quando la sera era costretta a fare un resoconto della giornata all'Angelo Custode. Così le aveva imposto la mamma: all'Ange-

[1]Asilo infantile... asilo infantile...

lo Custode è impossibile mentire, le aveva detto, guardandola con gli occhi appuntiti come due lame, quasi volesse trapassarla da parte a parte: lui sa tutto, ti segue passo passo, giorno e notte, senza possibilità di scampo. Non aveva capito perché fosse necessario raccontargli tutto visto che sapeva tutto, era sempre presente e le leggeva persino nel pensiero; ma non aveva osato chiedere spiegazioni a nessuno, nel timore di venir sgridata o come minimo derisa.

Non poche volte aveva però sorpreso la mamma mentre raccontava al papà delle bugie belle e buone, e anche alla nonna. Era stata una grande scoperta: la mamma diceva continuamente una quantità di bugie! Le prime volte ne era stata sconvolta. Di colpo il mondo aveva perso tutta la sua credibilità. Poi scoprì che anche la nonna mentiva e il fratello e... basta. Tutti mentivano. Non c'era una sola persona che non mentisse. Forse anche il papà, ma lo vedeva così poco, anche quando vivevano insieme, che non si permetteva di giudicare. Forse lui era l'unico a dire sempre la verità.

Niente però glielo garantiva.

In quanto poi all'Angelo Custode, aveva concluso che lui si occupava solo dei bambini; per i grandi ci doveva essere un personaggio più importante, un vero controllore, magari con un berretto in testa come in treno, per distinguerlo dalle persone comuni. L'unica volta che aveva fatto un piccolo viaggio, appunto in treno, aveva notato con quanta autorità questo tipo col berretto si era messo a controllare tutti i grandi. I piccoli come lei non li aveva neanche guardati. In quell'occasione aveva fatto varie riflessioni sulle possibili funzioni di un controllore per le bugie dei grandi.

Attraversarono la strada ed entrarono nel giardino dei vicini. Lì dove abitava la nonna, ogni casa aveva il suo giardino. La casa dove era vissuta fino a poco tempo prima aveva solo due stanze e per giocare bisognava andare ai giardinetti pubblici dove incontrava sempre gli stessi bambini. La mamma però non aveva tempo di portarla ogni giorno fuori. Spesso andava dai nonni paterni, insieme al fratello, e restava lì per il fine settimana. Anche loro avevano un giardino e il nonno era molto paziente. Il suo gioco preferito era di farla saltare sulle ginocchia cantando la canzoncina del cavaliere che cade dal cavallo e ogni volta, a un certo punto allargava le ginocchia per farla cadere, ma solo per scherzo, perché la riacciuffava sempre prima che toccasse terra. Lei strillava di piacere, anche per far credere al nonno di essersi spaventata sul serio. E lui rideva felice.

Adesso non vedeva quei nonni da un mucchio di tempo.

Le mancavano molto. Un nuovo sentimento si era impadronito di lei, qualcosa che non riusciva a identificare, un piccolo dolore in mezzo al petto: forse si trattava di nostalgia?

La mamma diceva che stavano dalla parte del padre; secondo lei quella famiglia non l'aveva mai accettata e tutti le erano contro. Anche il fratello. Lui poi era il suo nemico numero uno. Così aveva detto una volta, mentre lo picchiava per chissà quale marachella, e aveva aggiunto che per colpa sua era stata costretta a sposarsi ancora tanto giovane. Mädi e il fratello avevano trovato quell'accusa incomprensibile e ingiusta. Ne avevano discusso insieme, la sera prima di addormentarsi, ognuno nel proprio lettino – la mamma aveva proibito a Mädi di rifugiarsi nel letto del fratello come avrebbe fatto tanto volentieri – senza trovare una soluzione. Ma già da tempo aveva capito che la mamma aveva qualcosa contro il fratello. Ecco perché era stata subito d'accordo che andasse a vivere con i nonni paterni. Forse lo aveva stabilito lei, ma Mädi non voleva fare supposizioni ingiuste, perché non sapeva come erano andate le cose.

Appena i tre ragazzini la videro gridarono in coro:

«Kindergarten...Kindergarten... » quasi si fosse trattato di un insulto. Mädi strinse le labbra e si turò le orecchie con due ditini. Non li vedeva da qualche giorno e ora si accorse di trovarli tutti e tre decisamente odiosi. La loro mamma li ammonì soltanto di non gridare, senza capire di che si trattasse.

Mädi restò accanto al cancello del giardino per non perdere di vista la strada; dopo qualche minuto ecco passare la nonna. Questa proprio non ci voleva, pensò, adesso non sapeva cosa inventarsi per tornare a casa.

Le ore passavano lente. Lei pensava ai pettirossi, al gatto, ai piccoli in pericolo e non riusciva a fare nessun gioco con i tre ragazzini. Finalmente il più grandicello, di una decina di anni, propose di giocare al medico, vecchio gioco che lei conosceva da tempo per averlo giocato anche col fratello. I maschietti volevano fare sempre lo stesso gioco per visitarla in tutto il corpo, soprattutto lì dove la mamma le aveva proibito di toccarsi, con la minaccia dell'Angelo Custode che se ne sarebbe subito accorto. Neanche loro riuscivano a capacitarsi, avevano bisogno di controllare sempre e sempre, così le aveva spiegato il fratello, forse col tempo sarebbe diventata normale anche lei. Almeno questa era la sua grande speranza.

«Come fai a fare pipì senza pisellino?» le aveva chiesto curioso. Lei, allora di forse tre anni, fino a quel momento non se ne era fatto un problema, ma da quel momento cominciò a preoccuparsi. Per la prima volta si accorse che lui aveva qualcosa che lei non aveva. Così le fu chiaro perché i maschietti le chiedessero sempre di togliersi le mutandine e se ne stessero poi in contemplazione di quella stranezza del suo corpo. Magari toccandola, nonostante la proibizione della mamma... ma questa valeva soltanto per lei, era chiaro, gli altri potevano toccarla tranquillamente.

A questa particolarità del proprio corpo doveva anche il nomignolo Mädi, a sua volta diminutivo di Mädchen, bambina. In realtà si chiamava Sabine, ma il fratello, molti anni prima, quando ancora la mamma le cambiava i pannolini e lei strillava tutta nuda, non aveva potuto trattenersi dal commiserarla.

«Poverina, piange perché ha perso il pisellino.» La mamma aveva riso con quel suo modo ironico che lo irritava sempre e gli aveva spiegato che le bambine sono fatte tutte così, nascono così e basta; ma lui continuava a sperare che col tempo anche a lei sarebbe cresciuto il pisellino, come lo aveva lui. Ecco perché ogni tanto la pregava di farsi visitare per vedere se quel benedetto pisellino si fosse deciso a crescere.

Questa volta però non aveva nessuna voglia di fare quel gioco e nessun altro gioco: pensava ai suoi pettirossi e non aveva altro per la testa.

«Se non vuoi giocare con noi perché sei venuta, allora?»

Una bella domanda davvero.

«Io non voglio venire. È la mamma che mi porta qui. E poi vi odio con tutta... » e non le venne una parola adatta, tanto era confusa. I tre sghignazzarono.

«Ci odi con tutta cosa....?»

«Vi odio e basta perché siete brutti e cattivi.»

«Sei bella tu, forse? Guarda come fa la schizzinosa, questa bambina d'asilo... » Mädi, nella sua disperazione diede un calcio al primo che le capitò davanti. Non l'avesse mai fatto. Subito tutti e tre le furono addosso coprendola di botte; per fortuna alle grida della bambina la madre uscì di corsa dalla cucina e cercò di separarli.

«Siete dei selvaggi. Tre contro una e così piccola anche... dovete vergognarvi.» Mädi singhiozzava quasi senza lacrime per le botte ma soprattutto perché era tanto infelice. Pensava sempre ai suoi pettirossi, abbandonati al loro destino, privi della sua protezione.

Per calmare gli animi ricevettero tutti una fetta di pane con burro e miele, più un bicchiere di latte. Mädi come sempre non aveva fame e uno dei ragazzini mangiò la sua merenda, pensando di farle un piacere. Lui andava in prima elementare, aveva soltanto un anno più di lei e in realtà faceva combutta con i fratelli più grandi senza molta convinzione. Per lui quella bambina si chiamava Sabine e le faceva pena perché non aveva neanche diritto a un vero nome. Ma non osava confessarlo per non essere deriso. Così non prendeva mai le sue parti.

La mamma tornò alle le cinque passate, nera come un giorno di temporale. Si era incontrata col marito e di certo avevano litigato anche davanti all'avvocato.

Mädi appena la vide svoltare l'angolo di strada aprì il cancelletto del giardino e le corse incontro. Aveva fretta di tornare a casa.

«Lo sai che non devi attraversare la strada di corsa... non hai neanche guardato se passa una macchina... » e la strattonò con violenza. In quella strada passava forse una macchina l'anno, per lo meno Mädi non ne aveva mai vista una. Ma lasciò correre, fremente di andar via. La mamma si fermò ancora dalla vicina per ringraziarla e fare quattro chiacchiere: si conoscevano dai tempi in cui andavano a scuola insieme. Mädi sentì che ci mancava poco e sarebbe scoppiata, ma la mamma non aveva nessuna intenzione di tornare a casa, si vedeva. Fra poco avrebbe dovuto cenare e andare subito a letto... e gli uccellini?

«Mamma, per favore, andiamo a casa,» pregò. La madre non sentì o fece finta di non sentire.

«Mamma, per favore... per favore... i pettirossi.» E la voce si spezzò, già pentita di aver nominato i suoi amati uccellini: se i tre ragazzini l'avessero sentita magari avrebbero chiesto di andarli a vedere. Orrore. Allora meglio il gatto, pensò. Ma per fortuna nessuno sentì niente. La mamma finalmente salutò la vicina di casa e si avviò insieme a lei.

«Io ho aspettato per anni che mia madre venisse a vedermi... » Oh no, pensò, Mädi, adesso ricomincia la storia di quando lei in sanatorio aspettava la sua mamma, cioè la nonna. Una storia che conosceva a memoria per averla sentita nelle più svariate versioni. Durante la guerra, per proteggersi dai bombardamenti, la nonna trascorreva tutto il giorno in una specie di bunker in mezzo alla città, un tunnel scavato sotto lo Schlossberg, dove si rifugiavano migliaia di persone. Lei appena nata, per via dell'umidità, la mancanza di luce, di sole, si era ammalata di tubercolosi ossea. Qualche anno dopo si erano manifestati certi sintomi, per prima cosa forti dolori alle gambe che la madre non aveva preso sul serio, e subito dopo la quasi impossibilità di muovere i primi passi. Il medico finalmente diagnosticò questa malattia, consigliando l'unica cura possibile, cioè un lungo soggiorno in un sanatorio di montagna, lontana da casa. Qui restò alcuni anni. La madre, presa dalle difficoltà del dopoguerra, poteva venire solo sporadicamente a visitarla.

»... E tu non puoi aspettare cinque minuti mentre parlo con la vicina... dovevo pur ringraziarla di averti tenuto con i suoi figli... » Mädi intanto pensava che avrebbe preferito restare nel giardino della nonna, da sola, per osservare e proteggere i suoi pettirossi. Invece no. Ora non sapeva cosa avrebbe trovato.

«Vieni subito dentro. Devi ancora cenare.»

«Mamma, per favore, lasciami solo un momento in giardino, solo un momento... » e le lacrime scesero silenziose sul suo visino triste. La madre la guardò di sfuggita mentre apriva la porta di casa. Vide quelle lacrime. Capì la disperazione della sua bambina?

«Va bene, ma solo un momento. Appena ti chiamo vieni subito.» Mädi corse via come un fulmine e rallentò solo appena fu vicina alla parete dell'edera. Tese l'orecchio, si guardò intorno. Niente. Nessun pigolio. Quel lungo pomeriggio d'estate stava ormai per finire, la sera occhieggiava dietro gli alberi del giardino: le ombre del crepuscolo avanzavano silenziose prendendo possesso di quel piccolo angolo di mondo. Presto avrebbero nascosto ogni albero, ogni cespuglio. L'aria si riempiva di misteri. Un momento magico che Mädi amava e temeva. Lei preferiva l'alba, quando il sole scacciava il buio della notte e tutto si illuminava di speranza.

Gli uccelli volteggiavano in alto, godendo delle ultime luci, mentre altri si affrettavano a cercare un posto per dormire fra i rami più alti degli alberi. Pochi, arrivati a destinazione, cinguettavano sommessi, discutendo fra di loro sugli avvenimenti della giornata che stava per concludersi.

Mädi capì che il nido era vuoto. Da quella parte: il silenzio più assoluto. I piccoli pettirossi erano volati via. Avevano cercato anche loro un nuovo posto dove trascorrere la notte. Da soli? Senza i genitori?

Poi, nella semioscurità, scorse una piuma sull'erba. La raccolse. Forse il gatto era passato da lì per caso e uno dei piccoli... no. Non volle pensarci.

Concorso Artistico letterario nazionale 2010 1° Premio
Concorso artistico letterario sezione adulti opere dal mondo 2010 1° Premio

Roma città aperta

«Lida, Lida... *sùsiti... arrusbìgghiati...*[2] Lida»

La bambina dormiva profondamente. La madre disperata la scuoteva per svegliarla. La sirena suonava a ondate e tutta la famiglia correva per la casa in cerca delle scarpe, dei cappotti, delle sciarpe; ma forse anche di un giocattolo, di un libro, di una qualsiasi cosa quanto mai inutile in quel momento. Ma in quella confusione era difficile mettere ordine nelle teste di tutti. Il padre passò lì accanto e intanto che impartiva ordini a destra e manca, non poté fare a meno di mormorare, irritato:

«*Sta picciridda è na lastima.*[3]» La madre strinse le labbra: anche in un momento come questo, sempre quel rimprovero contro di lei, borbottato fra i denti. Ebbene sì, non aveva saputo educarla, lo ammetteva, ma che farci? Quella bambina era una sofferenza per tutti, un disturbo da quando era nata... e nel sottofondo echeggiava il suo disappunto quando gli aveva annunciato di essere di nuovo incinta. "Come? Un'altra volta? Sei non ti bastano?" A lui sarebbero bastati due figli, preferibilmente maschi, aveva dichiarato più di una volta, e lei gliene scodellava uno l'anno! Ora, a conferma delle sue riserve, ecco una bambina capricciosa, incapace di adeguarsi alle necessità della famiglia.

"Ci deve essere una componente genetica", argomentava il padre guardando intenzionalmente la moglie, "una congenita intolleranza verso tutto ciò che ha un minimo sentore di razionalità". Lida sorprendeva queste discussioni fra i genitori e si limitava a guardare nel vuoto, gli occhi assenti, l'e-

[2]Alzati... svegliati.

[3]Questa bambina è una sofferenza

spressione di chi non capisce niente. Intuiva però che stavano parlando di lei, anche se alcune frasi del padre, come "componente genetica", "congenita intolleranza" e altro, le erano del tutto sconosciute. Che poi si trattasse di intolleranza o di razionalità... tutte parole e niente altro: lei sapeva solo che doveva difendersi contro certe richieste, meglio imposizioni degli adulti, incomprensibili e soprattutto inaccettabili. In ogni caso, che lo volesse o no, riusciva sempre a irritarlo. E vedeva con sorpresa come lui tentasse di reprimere la sua impazienza, come cercasse di dominare l'ira. Mai però andava oltre il rimprovero verbale, uno sguardo severo. Al più, un gesto di rassegnazione. Quegli occhi limpidi, ingenui, senza un'ombra di malizia, spesso offuscati da un'ondata di tristezza più matura dei suoi pochi anni, quel continuo rifiutare con ostinazione una realtà che tutti accettavano senza discussioni, e questo a un'età secondo lui ragionevole, indicavano una stortura del carattere dovuta ai metodi educativi della moglie, assai debole e troppo cedevole. Questa la sua opinione.

La madre la tirò fuori dal letto, come una bambola di pezza priva di vita, già mezzo vestita e cercò di metterla in piedi. Da quando erano a Roma non andavano più a dormire svestiti: dovevano essere pronti a saltare dal letto e correre in cantina nel giro di pochi minuti, mentre la sirena continuava il suo lamento minaccioso, inquietante, che squarciava il silenzio della notte. Un silenzio che nascondeva chissà quali pericoli. Dovevano essere velocissimi a uscire di casa: avevano davanti a sé ben sette piani da scendere, senza contare la cantina. Il tutto senza ascensore. Quell'ascensore era sempre fermo a qualche piano perché spesso mancava la luce. Inoltre il portiere aveva proibito ai ragazzi di usarlo, in particolare quando suonava l'allarme. Cosa che accadeva anche di giorno.

L'uomo, pieno di sussiego, non aveva fatto nessuno sforzo per nascondere la sua insofferenza verso quella famiglia di sfollati, che secondo lui avrebbe fatto meglio a restarsene a casa loro. Giù in Sicilia. Senza contare il fastidio per il numero eccessivo di bambini.

«*So' come i conigli... sette regazzini... nun c'hanno discrezione.*» Un commento che si era permesso di fare soltanto in presenza appunto dei ragazzini.

In Sicilia non avevano mai visto un ascensore, anche perché abitavano in una palazzina a due piani, più precisamente al primo piano: questa nuova scala, lunga come la morte, era stata subito presa d'assalto con grandissimo entusiasmo, sia in discesa che in salita, con gare a chi arrivava primo, quasi si trattasse di uno sport, mentre il più spericolato di loro scivolava lungo la ringhiera a tutta velocità: uno spasso al superlativo. Il portiere aveva bloccato qualche giorno dopo il loro arrivo quei giochi che secondo lui disturbavano gli altri condomini, per lo più persone anziane; anzi, senza mezzi termini, aveva minacciato di parlarne con l'amministratore. Dopo quella solenne sgridata avevano dovuto riconoscere la sua autorità. Ora cercavano di far piano, di scendere le scale a una certa distanza l'uno dall'altro, senza saltare gli scalini a due o tre per volta come avrebbero fatto volentieri, e a rotta di collo. Anzi, i grandi avevano cura di controllare i più piccoli, soprattutto per l'ultima rampa di scale, andando in punta di piedi: anche questo un gioco, anche questa una scommessa a chi faceva più piano. Senza dire che quando c'era la luce continuavano a sperimentare l'ebbrezza dell'ascensore, su e giù, ma soltanto fino al secondo piano... l'unica volta che erano scesi fino al pian terreno, all'apertura delle due porte erano stati accolti dal portiere in persona!

E non era stato un incontro piacevole.

Lida ciondolava da tutte le parti, ancora addormentata, mentre la madre cercava di infilarle le scarpe: soltanto al contatto con quelle maledette scarpe si svegliò e si mise subito a piagnucolare. Erano strette, dure, nere, con i lacci come li avevano i fratelli e non con un bottoncino da un lato, come la sorella. Il padre aveva comprato scarpe per tutti e soltanto lei non aveva avuto la possibilità di provarle e tanto meno di sceglierle: la madre le aveva detto, per consolarla, che in tempo di guerra si doveva prendere quello che si trovava. Ma la bambina non aveva capito perché alla sorella era stato permesso di provare le scarpe e a lei no, anzi era rimasta in casa mentre gli altri erano usciti col padre... e poi erano strette, come tutte le scarpe che aveva dovuto mettere in passato: lei da sempre odiava le scarpe. La madre conosceva questa fobia della figlia e la pregava ogni volta, sempre sottovoce, di portar pazienza, di non irritare il papà, tanto col tempo si sarebbero allargate. Lida pensava che mai si sarebbero allargate e tanto meno allungate, ma non osava dirlo neanche alla mamma. Lei non si metteva mai a discutere con nessuno, tranne che con la sua bambola. Sapeva che in ogni caso gli adulti avrebbero avuto l'ultima parola. E anche i fratelli e la sorella. Tutti avevano diritto all'ultima parola. Solo lei no.

E poi, sempre la scusa della guerra: nessuno le aveva saputo spiegare cosa fosse, la guerra, ma doveva trarne le conseguenze.

Ormai erano usciti tutti a precipizio, solo lei e la mamma erano ancora in casa e la sirena cominciava già a calare e si annunciavano gli aerei con un rombo lontano, come un tuono, ma più minaccioso, più duraturo. Finalmente uscirono sul pianerottolo, le scale buie: la madre a tentoni cercò il corrimano mentre con l'altra mano teneva stretta la manina della bambina. Si sentivano ancora i salti dei ragazzi (quando c'era l'allarme avevano il permesso di saltare) lo scalpiccio degli altri inquilini, il mormorio sommesso di qualche vecchio che non riusciva a scendere per chissà quale malanno. Erano sole, ancora sull'ultimo pianerottolo. Lì, oltre a loro, non abitava nessuna famiglia.

«Veni, veni... prestu prestu» l'esortava la mamma, sempre sussurrando, incoraggiandola a scendere, nonostante non vedesse i gradini delle scale. La lampadina tascabile l'aveva presa il padre, impaziente di mettere in salvo almeno la maggior parte della famiglia.

«Santa Rita santissima, se usciamo vive da questo inferno faccio voto di vestire questa bambina con la tonaca marrone che porti tu.»

Lida piagnucolava sommessa, spaventata dal buio, dall'ululato lamentoso della sirena, dalle scale che non vedeva. Seguì la madre quasi per miracolo, forse santa Rita aveva gettato uno sguardo su di lei, ma preferì aggrapparsi alla ringhiera per maggiore sicurezza. Dopo qualche piano, e la madre aveva smesso di contare quanti ne avevano già fatti, un'esplosione le scaraventò contro il muro. Doveva essere una bomba caduta sul palazzo vicino. Proprio accanto a loro, dai muri, dal soffitto caddero calcinacci, piccole schegge che quasi per miracolo non li colpirono. Lida si ritrovò seduta su un gradino, intanto che la mamma la chiamava e la cercava con le mani. Sembrava dovesse crollare tutto intorno a loro, ma oltre a una quantità di pezzi di muro e un rumore assordante non ci fu altro: solo silenzio e il respiro affannoso della mamma, la sua voce ansiosa: «Lida, Lida.»

Tramortite, rimasero qualche minuto sedute, strette l'una all'altra, il cuore in tumulto. Poi sentirono la voce di un vicino, un vecchio signore che gridava a qualche piano sotto di loro. Soltanto allora si accorsero di non essere proprio le ultime, altri non erano riusciti a raggiungere la cantina prima che incominciasse il bombardamento. Per fortuna qualcuno aveva una lampadina tascabile, la luce assai debole, ma meglio di niente. Ora scesero spedite, mentre il padre correva sulle scale, venendo loro incontro, preoccupato e impaziente.

«Ma chi fati...unni siti... sempri sta picciridda...[4]» Non aggiunse altro, ma il tono era bastato. Lida avrebbe voluto sparire, tanto si sentì umiliata. Smise di piangere, per non irritarlo e finalmente raggiunsero la porta che conduceva alla cantina: lì puntò i piedi, lì non voleva entrare. C'era da scendere ancora una rampa di scale, appena illuminata da una lampada a petrolio appesa al muro e la scena che dall'alto si poteva vedere era così allucinante che era pronta a rischiare anche l'ira del padre piuttosto che entrare in quella specie di bolgia infernale.

Si ammucchiavano infatti uomini, donne e bambini in uno spazio assai ristretto, non certo concepito per una simile massa di gente. Data la semioscurità non si distinguevano le singole persone, ma un groviglio di corpi, di teste, mentre un mormorio indistinto, un lamento generale saliva fino a loro. Entrare in quella cantina significava essere inghiottiti da un mostro dalle cento teste. Mai, mai sarebbe entrata ancora una volta lì. Ogni notte quella storia, e ogni notte la stessa scena, lo stesso rifiuto, lo stesso spavento. Inutilmente, perché il padre la sollevava di peso per portarla dentro, incurante dei suoi strilli, delle sue lacrime. L'unica salvezza era allora tenere gli occhi ben chiusi e cercare di dimenticarsi. Ora la madre la tirava per mano, angosciata dalla stessa paura della bambina, quando un nuovo scoppio, una tremenda esplosione a pochi metri dalle loro teste fece ondeggiare il pavimento sotto i piedi. Fu peggio di un terremoto. Un urlo si levò dalla cantina: sembrava che questa volta fosse stato colpito il loro palazzo, o almeno una parte di esso.

Lida si afflosciò priva di vita. Il padre fece giusto in tempo a raccoglierla fra le sue braccia, un corpicino molle, leggero come una piuma, e scese gli ultimi gradini fino alla can-

---

[4]Ma che fate... dove siete... sempre questa bambina.

tina. Un medico si fece subito avanti, le sentì il polso e prese a schiaffeggiarla sulle guance per rianimarla, mentre gli altri stavano intorno a guardare.

«Niente di grave, è soltanto la paura... tornerà in sé.»

Si svegliò in una camera sconosciuta e non capì dove si trovasse, cosa fosse accaduto. Intorno al suo letto i fratelli, i genitori aspettavano silenziosi che tornasse in sé. Era giorno inoltrato, un giorno di fine inverno, ancora freddo ma già luminoso. Strano, aveva dormito tanto tempo, e in sogno era tornata nella vecchia casa dove era nata. La guerra era tanto lontana, non ne era rimasto neanche il ricordo. Il sole, la stanza da letto della mamma dove le piaceva giocare da sola davanti al grande specchio dell'armadio, tutta l'atmosfera così rassicurante l'aveva riportata alla sua infanzia serena, felice. E per la prima volta capì cosa fosse la felicità. Appena aprì gli occhi la madre si mise a piangere, a singhiozzare, come non aveva mai visto piangere un adulto, e la chiamava, Lida, Lida, con quella sua voce morbida, carezzevole, la voce che riusciva sempre a tranquillizzarla. Non capì il motivo di quella commozione, di quel pianto. Lentamente girò gli occhi riconoscendo le facce dei fratelli, seri, tesi. Infine ritrovò la faccia della mamma, del papà, anche lui in qualche modo sconvolto.

«*Unni semu?*[5]» sussurrò.

La madre respirò di sollievo: aveva parlato! Il timore che la bambina rimanesse muta, che non si svegliasse più, che restasse in stato di coma l'aveva sconvolta più del bombardamento stesso. Ora, fra le lacrime, spiegò che la loro casa era stata colpita da una bomba, ma soltanto un lato del palazzo, per cui erano stati costretti ad andare in albergo. Il padre aggiunse che lì non sarebbero stati bombardati, perché erano proprio al centro di Roma, in piazza Colonna. Lida

[5]Dove siamo?

pensò che quando erano partiti il padre aveva detto che a Roma non c'era la guerra, perché era stata dichiarata città aperta[6], e ora li portava al centro, proprio in piazza Colonna: poteva fidarsi?

Aveva riflettuto a lungo su quelle parole, cosa voleva dire "città aperta". Che non si poteva chiudere? E le altre città, visto che solo Roma era aperta, tutte le altre città erano chiuse come Troia, cioè avevano una porta? (aveva sentito uno dei fratelli che stava studiando l'Iliade). E perché proprio Roma non aveva una porta? Inoltre non sapeva immaginare come si potesse chiudere una città: la porta doveva essere enorme, altissima e di ferro, proprio come a Troia. Spesso pensava alle grandi porte di ferro delle altre città, tutte ben chiuse, mentre loro erano andati nell'unica città senza porta... perché?

Non chiese, non fece domande, sapeva già che nessuno l'avrebbe presa sul serio, aveva fatto le sue esperienze. Non poteva sopportare le risate di scherno dei fratelli che credevano di sapere tutto soltanto perché erano più grandi di lei e andavano a scuola. Era sicura che neanche loro sapessero il significato di quella frase: "città aperta", e perché fossero andati proprio lì. Di certo il papà lo sapeva perché leggeva sempre il giornale. Ma a lui non osava mai rivolgersi direttamente.

A proposito di leggere, lei aveva imparato a memoria il libro di lettura della sorella, soltanto ascoltandola mentre ripeteva le sue lezioni. Una volta aveva avuto il coraggio di dire ai fratelli che, infine, anche lei sapeva leggere: prese appunto il

[6]"Città aperta" secondo il diritto internazionale (Convenzione dell'Aia 1907) è una città aperta al nemico, che cioè non può opporre alcuna difesa perché priva di truppe e di obiettivi militari. Nonostante questa dichiarazione Roma subì ben più di 50 bombardamenti aerei degli alleati.

libro della sorella, lo aprì alla prima pagina e lesse speditamente. Dopo un primo momento di sorpresa, i fratelli, uno dopo l'altro, cominciarono a voltare le pagine a casaccio, per metterla in imbarazzo, intanto che sghignazzavano a tutto spiano. Non avevano tenuto conto del fatto che lei aveva una fenomenale memoria visiva, così non sbagliò una sola volta. Per mettere fine a quello spettacolo il fratello più grande prese un altro libro che lei non conosceva e glielo mise davanti. Una vergogna, un'umiliazione che lasciò uno strascico inaspettato. Ne seguì una scena terribile: sei ragazzini sfrenati che urlavano, trionfavano su di lei, la saputella che non sapeva niente!

Come reazione, quando un anno dopo arrivò anche per lei il momento di andare a scuola, subentrò un rifiuto, uno dei suoi tanti rifiuti, che mise a dura prova la pazienza della mamma. Quel bombardamento rimandò a tempo indeterminato il tormento mattutino di doversi svegliare, vestire, e andare a scuola. Infatti la notizia che abitavano in un albergo del centro, ebbe per lei un solo significato: nessuno più l'avrebbe costretta ad andare in quella terribile scuola. Almeno finché non avessero trovato una nuova casa.

Il primo giorno la maestra l'aveva presentata alla classe con cortesia.

«Questa è Lida. È sfollata dalla Sicilia... avrà da imparare più di voi, perché ha perso qualche mese di scuola... ma sono certa che ce la farà anche lei.»

E Lida era rimasta seduta nel primo banco, come aveva voluto la maestra, la testa chiusa, le orecchie tappate, fermamente decisa a non capire niente. Pensava soltanto di non saper leggere e tanto meno scrivere, mentre le altre bambine sapevano fare tutto. Lei non avrebbe imparato mai, era chiaro. Lì non avrebbe potuto imbrogliare nessuno, il libro di lettura della sorella era rimasto, insieme a tutti i giocattoli, i vestitini e tante altre cose a lei familiari nella sua casa, in Sicilia.

Anche questa una nuova nozione astratta, Sicilia.

Prima di partire non aveva saputo di vivere in un luogo che si chiamava Sicilia, e ora si trovava in un altro luogo che si chiamava Roma.

La prima cosa che capì fu che in questo luogo si parlava un'altra lingua. Se ne accorse subito a scuola. Le sue compagne la prendevano in giro e cercavano di contraffare la sua parlata, "*no sacciu*[7]" e giù risate. Del resto più di questo non aveva avuto il coraggio di dire. Soltanto la maestra era gentile con lei, una donna non più giovane, un po' grassa, capelli biondi e occhi chiari, che la guardava sempre con un sorriso incoraggiante. Avrebbe voluto fare qualcosa per meritare quella benevolenza, ma non sapeva uscire dal proprio guscio e ripeteva sempre quella fatidica frase "*no sacciu*". Aveva scoperto di non sapere parlare come lei, come le altre bambine, ma di capire tutto. Una cosa molto strana. Qui tutte parlavano la lingua di fuori, la lingua del continente.

Il papà aveva detto che ormai la guerra era arrivata anche in Sicilia e per questo era necessario scappare, andare a Roma. Lì, secondo lui, non c'erano bombardamenti per via del Papa. Ma lei non aveva capito bene se c'entrava anche la storia della città aperta. Una gran confusione. Inoltre era la prima volta che sentiva nominare questo strano personaggio. Il Papa, il Santo Padre. Chi era costui? Nessuno aveva fatto domande, evidentemente i suoi fratelli sapevano chi fosse il Papa, soltanto lei era all'oscuro di tutto. Sempre lei, la solita sciocchina.

Nella loro casa in Sicilia, molto grande e solida, con larghi muri di pietra, costruiti in tempi in cui non si risparmiava

[7]Non lo so

con lo spazio né col materiale di costruzione, una bomba non avrebbe fatto alcun danno, ripeteva la mamma, mentre assai scontenta preparava le valigie. E poi avevano una cantina tutta per loro, dove c'erano forse dei topi, così aveva detto un fratello che voleva sicuramente spaventarla, ma non veniva altra gente.

Così un bel giorno dovette lasciare la sua casa, il suo mondo, il luogo di tutte le sue sicurezze. La mamma non le aveva permesso di prendere neanche la sua bambolina: inutile esporla agli strapazzi del viaggio, aveva detto, meglio lasciarla a casa, così era sicura di ritrovarla al ritorno, sana e salva. Lida avrebbe voluto restare anche lei, con la sua bambola, nella casa che era il centro della sua piccola vita, ma non osò dirlo a nessuno, neanche alla mamma, tanto sapeva che non avrebbe mai acconsentito a lasciarla sola. A lungo fantasticò su come si sarebbe data da fare per vivere da sola nella sua casa, senza neanche la mamma.

E ora, anche a Roma cadevano le bombe dall'alto e distruggevano le case che sembravano meno solide di quelle in Sicilia.

Quel giorno, dopo il bombardamento, il papà aveva deciso di trovare casa nelle vicinanze dei ministeri, proprio al centro di Roma, magari vicino al Quirinale. Lida sentiva i discorsi dei genitori e rifletteva: chi assicurava che anche lì non sarebbero cadute le bombe? E perché avevano buttato le bombe proprio sulla loro casa, vicino alla scuola? Qui nessuno li conosceva; nessuno, oltre al portinaio, sapeva che erano sfollati dalla Sicilia. Tanti pensieri confusi l'assillavano giorno e notte, perché adesso si svegliava di punto in bianco, senza un motivo, angosciata, con un terribile senso di solitudine, e si chiedeva: perché ce l'avevano tutti con loro?

Non sapeva da quanti giorni erano in quelle due stanze d'albergo, sotto lo sguardo severo di un portiere, questa volta in livrea, che fin dal loro arrivo, senza valigie, vestiti alla meglio, li aveva guardati pieno di sospetti. Era chiaro che temeva rompessero qualcosa, disturbassero gli altri clienti: sembrava solo aspettare che si comportassero male per redarguirli a dovere e magari cacciarli via, fuori, sulla piazza Colonna. Lida aveva letto tutto questo sulla faccia di quell'uomo appena lo aveva visto, la prima volta che era scesa giù insieme alla sua famiglia per andare dal medico. Il padre, assai preoccupato, voleva assolutamente che venisse visitata dopo il suo svenimento durato un giorno intero. Lei non ne aveva capito il motivo ma in qualche modo si sentiva colpevole anche di questo.

I fratelli erano andati in perfetta fila indiana quasi senza far rumore, ancora sotto shock. Ora se ne stavano in camera, quieti, con un libro in mano, a fare compiti o a leggere qualche romanzo di avventure che quando era tornata la normalità il papà era andato a prendere a casa, con grande pericolo, aveva detto la mamma, per via delle scale mezzo distrutte. Il papà si era preoccupato solo dei più grandi, nessuno aveva pensato di prendere qualcosa anche per la più piccola. D'altra parte lei non aveva avuto il coraggio di pregare che le portasse almeno l'orsetto color fragola che aveva trovato in quella casa. Lo aveva subito adottato pur sapendo che apparteneva alla bambina che aveva abitato lì, prima di lei. Di certo aveva dovuto lasciarlo prima di partire, come era accaduto a lei con la sua bambola. Una gran confusione, la bambina lo avrebbe cercato al suo ritorno, poi aveva riflettuto che se la casa era distrutta anche il povero orsacchiotto... ma più in là non volle pensare.

Lida non aveva niente da fare, guardava dietro i vetri della finestra, silenziosa, assente. Apatica. Forse per questo il papà aveva voluto che il medico la visitasse, sembrava che quell'esplosione avesse tramortito anche le sue facoltà mentali. Ogni tanto vedeva una camionetta con soldati, l'elmo di ferro calato sulla fronte, un mitra imbracciato, fare un giro intorno alla piazza per sparire in qualche strada laterale: facevano una specie di ricognizione, cercavano di spaventare la gente, assai poca in realtà, che girava frettolosa, infreddolita, lungo i marciapiedi deserti. Le saracinesche dei negozi erano abbassate, nessun movimento di macchine. Una città paralizzata dalla paura.

Solo una volta aveva chiesto alla mamma quanto tempo sarebbe durata la guerra e perché la guerra sparava sulle case. I fratelli avevano drizzato le orecchie, subito interessati. Anche loro volevano sapere quando sarebbero potuti finalmente uscire, andare a scuola, girare per le strade di quella grande città. La mamma non seppe cosa rispondere. Non lo sapeva neanche lei. Disse solo che gli alleati erano sbarcati in Sicilia. Purtroppo ci mettevano molto tempo a salire lungo la Penisola per via dei carri armati, aggiunse, molto lenti e pesanti. Ora aspettava soltanto che il papà trovasse una nuova casa per lasciare quell'albergo, dove si sentiva osservata, non soltanto dal portiere, ma anche dall'ultima delle cameriere.

Nessuno dei figli seppe che il padre aveva dovuto anticipare una grossa somma di denaro per avere le due stanze.

Lida invece ebbe molto da riflettere: cosa sono gli alleati? Doveva trattarsi di gente che voleva unirsi a loro, ma ciò che più la intrigò fu la frase della mamma: "Gli alleati impiegano molto tempo per salire lungo la Penisola". Ecco, alle parole "salire la Penisola" associò subito la casa dove avevano abitato fino a poco tempo prima. Qui bisognava salire tanti piani a piedi... ma la mamma aveva parlato di una Penisola e poi di carri armati. Sicuramente uno dei fratelli le avrebbe spiegato cos'è una Penisola, (i carri armati li aveva già visti) ma prima di esporsi alla sua derisione preferì rinunciare. Una Penisola. Una parola nuova. Forse nascondeva un'oscenità? Già questo pensiero la fece tacere. Aveva infatti scoperto che dietro le parole più innocenti poteva nascondersi la trappola di un doppio senso, invisibile a prima vista.

Da quando aveva imparato a parlare era diventata assai cauta, guardinga nell'uso delle parole, non sapendo mai come avrebbero reagito i fratelli, sempre in agguato. Quelle reazioni dovevano avere a che fare con la mamma che secondo il papà, ma anche la nonna era della stessa opinione, viziava la più piccola suscitando così la gelosia degli altri figli. Certo la mamma la proteggeva contro l'aggressione di quella banda, tutti più grandi e più forti di lei: che altro avrebbe dovuto fare? Abbandonarla al suo destino, forse?

Era tanto difficile vivere in quel mondo di adulti, un mondo tutt'altro che trasparente. I primi ricordi giravano tutti intorno a una sola parola che avrebbe preferito non conoscere: guerra. Una parola che ricorreva ininterrottamente ogni volta che i genitori o altre persone grandi parlavano fra di loro. Sembrava non sapessero occuparsi d'altro. Lei aveva finito con l'immaginarsi la guerra come un grande mostro capace di distruggere tutto e tutti. Un mostro immane, invisibile, che tutto poteva e tutto vedeva.

Un giorno papà era tornato a casa trionfante, il giornale in mano che svolazzava già dalla strada: l'armistizio, gridava, l'armistizio, la guerra è finita.

Ma questo prima del grande viaggio.

Subito a casa aveva discusso a lungo con la mamma e i fratelli più grandi. Tante parole, che in realtà aveva sentito già varie volte, tornarono, ma in altro tono. "Quel delinquente... quel ladro... quei ladri... " Sapeva cosa era un ladro, uno che derubava la gente per strada, ma anche in casa. Quelli però si chiamavano scassinatori. Ne aveva sentite di notizie allucinanti, con furti, rapimenti e altro che l'avevano terrorizzata. Lei aveva una terribile paura dei ladri. "Questo è un tempo in cui i ladri proliferano senza nessun controllo", diceva la mamma.

Ma i ladri che nominava il papà facevano parte del cosiddetto Governo, erano lontani e non riusciva ad immaginare cosa rubassero. Senza dire che alla parola "Governo" non sapeva associare assolutamente niente. E poi c'era un ladro particolare, che papà nominava ora a voce alta, mentre prima sussurrava il suo nome in gran segreto: "quel delinquente di Mussolini... quel ladro" questa era la frase ricorrente che aveva sentito praticamente da quando era nata. Ora papà gridava quella frase con visibile sollievo. I fratelli ascoltavano senza fiatare. Il capo-delinquente era scappato e la guerra era finita. Lida non capiva niente di tutto questo, ma l'espressione del padre significava in ogni caso che c'erano dei grandi cambiamenti in senso positivo.

Invece, a metà settembre il papà aveva annunciato che la guerra era arrivata anche da loro, per via degli alleati. Se erano amici, come le era sembrato di capire, perché facevano la guerra contro di loro?

Meglio sarebbe stato non sentire i discorsi dei grandi.

La prima volta che era scoppiato l'allarme si era sentita gelare il sangue nelle vene: chi suonava la sirena? si era chiesta, e perché ululava così? Fino ad allora non aveva mai sentito niente di più spaventoso, e l'agitazione di tutta la famiglia, la paura della mamma che chiamava senza interruzione la Madonna Santissima in suo aiuto, mentre correva da una stanza all'altra, a caso, prendendo ora una cosa ora un'altra, senza nessun motivo, l'avevano scombussolata. La prima volta le bombe erano cadute molto lontano. Il padre aveva sentenziato: stanno bombardando il porto, la stazione, tutte nozioni per lei insignificanti. Avesse detto: stanno bombardando la Luna, avrebbe avuto più significato per lei. E alla resa dei conti, non avevano neanche fatto in tempo a scendere in cantina che già suonava il cessato allarme. Si erano rimessi a letto ma nessuno dormiva, per via dell'eccitazione, della novità.

Poi il papà aveva deciso che era troppo pericoloso restare lì, bisognava andar via. Contro la volontà della mamma.

E ora questo. Anche a Roma c'era la sirena e soprattutto qui gli aerei venivano fino a casa, a qualsiasi ora del giorno e della notte, e non bombardavano solo la stazione, ma i palazzi, la gente per strada, i tram e infine tutto.

Man mano si insinuava in lei una specie di sospetto, cioè che la guerra ce l'avesse con gli esseri umani e contro la sua famiglia in particolare. Un pensiero assai inquietante occupava il suo piccolo mondo fatto di riflessioni assai importanti. Riflessioni che teneva solo per se stessa, per motivi ben noti: nessuno l'avrebbe presa sul serio.

Stava ore e ore alla finestra e quel pensiero continuava a tormentarla.

Gli alleati dovevano avercela proprio con loro: la guerra, quel mostro fatto di carri armati e soldati con l'elmo di ferro nero calato sulla testa, li aveva inseguiti dalla Sicilia lungo tutta la Penisola e stava cercando loro: ecco perché giravano sulla piazza e la mamma proibiva ai fratelli di uscire. E il papà, perché poteva uscire, lui? Forse la guerra ce l'aveva solo con i bambini! Quel pensiero la fulminò, tanto che appena vedeva comparire la motoretta con i soldati si nascondeva sotto la finestra affinché non la scoprissero.

Nessuno si accorse di queste manovre, ognuno occupato per conto proprio a fare compiti arretrati, seguendo le istruzioni del fratello più grande che si era messo in testa di fare da maestro ai più piccoli. Per fortuna non aveva avuto la stessa idea con lei. Lida si sarebbe in ogni caso rifiutata. Lei non accettava la sua autorità, come gli altri fratelli, e dopo la sonora svergognata della lettura, non aveva più voluto neanche guardarlo in faccia. Aveva inoltre sorpreso un discorso fra i genitori: la piccola non sarebbe andata a scuola, avevano detto, quando avessero trovato una nuova casa in centro. La distanza fra la scuola e la casa, l'insicurezza dei mezzi pubblici, erano tutte difficoltà che potevano essere affrontate soltanto dai più grandi.

Lida si era messa il cuore in pace, ma ogni volta che pensava alla sua maestra provava un certo malessere. Era certa che l'aspettava, e magari chiedeva di lei: sentiva di averla delusa, ma cosa assai strana, anche lei era delusa, nonostante non avesse mai voluto andare a scuola. Era come riconoscere un fallimento, un ennesimo motivo di scontentezza per la mamma, la maestra, il papà. Lei non riusciva ad accontentare nessuno; non faceva mai quello che gli altri si aspettavano da lei, ma, cosa assai più grave, non riusciva mai ad accontentare sé stessa. Così il fatto di non dover più andare a scuola non fu un sollievo, anzi il contrario: se da una parte significò una liberazione, dall'altra si sentì frustrata, colpevole, incapace di fare le cose più normali, come i suoi fratelli che andavano a scuola senza mai protestare.

Finalmente un pomeriggio il papà diede la grande notizia. Aveva trovato un bellissimo appartamento con cinque stanze, ammobiliato elegantemente, e al centro di Roma, proprio vicino al Quirinale.

In quattro e quattr'otto prepararono le valigie e con un taxi, trovato assai fortunosamente, quel giorno stesso si trasferirono nella nuova casa. Lida, stretta alla mano della mamma, subì quel nuovo cambiamento, preoccupata solo da un pensiero: la guerra si sarebbe accorta che stavano scappando e... avrebbe mandato i suoi soldati anche nella nuova casa?

Letizia

Da qualche giorno si vedeva girare per i vicoli del mercato di Castellammare di Stabia una strana coppietta: due bambine, una più grandicella e l'altra, forse di cinque anni, con un braccio solo. Indossava sempre lo stesso vestitino di seta artificiale, rosa a fiorellini bianchi, un modello che si chiamava "alla bebè", consistente in un'ampia gonnellina sostenuta da un piccolo sprone, sulle spalle. Il vestito era stato cucito appunto per coprire, o meglio nascondere questa invalidità. La piccola aveva subito attirato l'attenzione delle donne del mercato. Frasi quasi sempre dello stesso tipo si ripetevano a ogni passaggio: «*povera criatura. Senza nu vraccio... e comme l'ha perzo?...'sta futtuta uerra...* »

Letizia, la bambina più grande, nove anni o forse dieci, di piccola statura, piuttosto robusta, assai volitiva, era chiaramente infastidita da questi commenti, un fastidio misto a una sorta di compiacimento: in fondo andare in giro con quella sorellina senza un braccio la metteva in evidenza, la faceva sentire importante. Ma alle domande della gente non sapeva cosa rispondere, anche perché in realtà quel braccio non era perduto, e la guerra, almeno per quella piccola disgrazia, c'entrava soltanto in parte, dato che lei stessa era stata la causa di quell'incidente. Un mese prima, infatti, aveva deciso di costruirsi l'altalena con una lunga tavola da letto, trovata in una specie di ripostiglio sulla terrazza della nuova casa dove erano andati ad abitare, appunto a causa della guerra; detto fatto, su una vecchia sedia sgangherata aveva appoggiato la tavola costringendo la sorellina a sedersi su un lato, mentre lei saltava con l'irruenza che le era propria sull'altro lato. La piccola, niente affatto preparata a quella nuova avventura, anzi assai paurosa anche perché non aveva capito cosa si volesse da lei, aveva subito fatto un volo di alcuni metri per piombare sulla terrazza, senza un grido, senza neanche un sospiro, svenendo ancora prima di arrivare a terra... e avrebbe potuto finire peggio, dato che si trattava del quinto piano. Letizia era corsa a chiamare aiuto: quella stupida non aveva afferrato con ambedue le mani la tavola, come le aveva raccomandato di fare. A pensarci bene, non ricordava cosa le aveva detto, impaziente come era di iniziare quel nuovo gioco. In ogni caso era assai contrariata, soprattutto se considerava le reazioni della mamma e le accuse della sorellina, che lei però avrebbe confutato con decisione. Il giorno dopo la piccola era stata portata in ospedale: l'osso sembrava rotto, aveva diagnosticato il medico, meglio ingessare il braccio insieme al busto, come una corazza, per evitare altre ripercussioni. E doveva restare così per quaranta giorni.

Pia, che in realtà si chiamava Olimpia, ma la madre aveva trovato quel nome troppo importante per una bambina così minuta, era nata quando ormai non si aspettava più niente dalla vita; a quarantadue anni una donna pensa che ormai il tempo delle gravidanze, dei pannolini, delle notti in bianco siano finiti per sempre.

Lei, al contrario dei parenti, delle amiche, non aveva avuto fortuna. In tempi in cui il regime incoraggiava le donne a donare tanti bambini alla patria, con premi speciali e onori particolari se si superava il numero di sei, lei per anni aveva avuto un solo figlio, Simone. Dopo sette anni si era finalmente annunciata una nuova gravidanza, salutata dalla famiglia come un dono del cielo e, nonostante la delusione del marito, che avrebbe in ogni caso preferito un secondo figlio maschio, la gioia fu tale che la bambina fu appunto chiamata Letizia. Con due figli ebbero la sensazione di essersi riconciliati con la società e forse anche con la vita.

Letizia, tanto attesa e festeggiata dai genitori oltre misura, tolse però a Simone la posizione assai privilegiata di figlio unico. Lui si vendicò e questo fin dal primo momento: affibbiò alla piccola, già allora piuttosto grassottella, il nomignolo di *Ponchitè*, una derivazione del vocabolo *ponchia*, cioè grassa, suscitando l'approvazione di tutta la parentela, piuttosto piccata dagli eccessivi vezzeggiamenti riservati alla nuova nata, mentre i genitori ne furono decisamente indignati. Senza contare il pianto della bambina, quando pian piano si rese conto dell'insulto che si nascondeva dietro quell'appellativo. A lui bastava guardarla e pronunciare soltanto con le labbra quella parolina velenosa: la mamma non capiva e non capì mai per quale motivo appena si avvicinava il fratello maggiore la figlioletta si mettesse a piangere. Infatti aveva proibito al figlio di dire quella brutta parola e lui non la disse mai a voce alta. La pronunciava soltanto con il solo movimento delle labbra. Letizia lo fissava sempre in attesa di quel movimento magico, un gioco crudele fra i due che durò assai a lungo; forse sarebbe stata delusa se lui una volta l'avesse dimenticato. E andò avanti così anche quando la posizione di Letizia fu usurpata dalla più piccola, Pia, che non riuscì ad intaccare la rivalità dei due più grandi.

La madre aveva considerato quell'ultima gravidanza come il segno di una gioventù prolungata, una sfida quasi contro il tempo e contro le malelingue: c'era stata perfino una cosiddetta buona amica che al suo annuncio aveva solo commentato:

«Alla tua età... io mi vergognerei!» Allora una gravidanza a quarantadue anni era considerata quasi indecente, secondo una certa mentalità, mentre lei aveva accettato la terza bambina come il compimento della sua vita matrimoniale; il marito anche in questo caso si sarebbe aspettato un altro figlio maschio, ma ormai, aveva pensato, arrivati a questo punto, uno deve prendere quello che il destino ti manda.

Tutto il suo amore, le sue attenzioni erano però rivolte a quell'unico figlio maschio. Lo considerava il prolungamento più prezioso di se stesso, l'erede desiderato del suo piccolo patrimonio, colui che avrebbe appagato tutte le sue ambizioni sociali. Voleva infatti che studiasse e non restasse come lui piccolo proprietario terriero, attaccato alla terra, all'agrumeto, al paese, dipendente dal tempo, dalla pioggia e dalla grandine, in continua ansia per il raccolto che poteva significare la rovina o il benessere per la sua famiglia. Il figlio doveva andare all'università, in una grande città, non importava in quale facoltà; per lui sognava una libera professione, magari avvocato o medico; si sarebbe accontentato anche di un farmacista purché fosse laureato e per questo motivo non aveva badato a spese con lezioni private, dato che ogni anno, e questo già dalle elementari, il passaggio da una classe all'altra aveva significato momenti di angoscia e frustrazione davanti a tutto il parentado. Il ragazzo non si applicava, la scuola non lo interessava; lui preferiva giocare sempre per strada insieme a una banda di ragazzini a fare guerra contro gli abissini e c'era già chi lo aveva soprannominato Negus, un insulto che ogni volta doveva lavare col sangue. Perché lui naturalmente stava dalla parte degli italiani conquistatori, eroi del deserto, costruttori di un grande impero, portatori di una grande civiltà. Insieme ai suoi amici si era costruito delle spade di legno per combattere contro una banda del quartiere vicino, che considerava abissini della peggiore sorta. Questi a loro volta insultavano la sua banda con lo stesso epiteto, motivo sufficiente per darsele di santa ragione, a volte esagerando per il troppo entusiasmo, finché un adulto, spesso la madre di uno dei ragazzini, interveniva mettendo pace fra le due bande rivali.

Sfollare da quel piccolo centro di provincia nel quale avevano vissuto fino a quel momento, e dove sembrava che il tempo si fosse fermato, aveva significato un gran cambiamento, soprattutto per il ragazzo.

Dopo lo sbarco degli alleati in Sicilia, il padre, spaventato dai primi bombardamenti, aveva deciso di lasciare l'isola. La moglie, assai infelice di intraprendere questa avventura, aveva almeno pregato di chiedere ospitalità a un parente di Roma. Il viaggio si svolse in modo abbastanza normale per quei tempi, ma l'accoglienza del parente fu fredda, anzi scortese. Si trattava di un fratello della moglie, a sua volta sposato e senza figli, avarissimo, che sospirava ogni volta che doveva mettere mano al portafoglio. Dato quel momento particolare, non aveva potuto opporre un rifiuto, ma quei parenti per lui significavano una spesa continua: dopo solo qualche giorno aveva cominciato a lamentarsi con frasi in cui entravano per diritto o per rovescio parole come "salasso", "dissanguarsi", "rovina finanziaria" e altre consimili. Il padre, fin dall'inizio contrario ad accettare questa specie di ospitalità, si diede subito da fare per cercare una casa, possibilmente nelle vicinanze di una scuola, per Letizia che già frequentava la quarta elementare. Per Simone fu più difficile, dato che per lui era necessario un istituto superiore, situato in centro. Per facilitargli gli spostamenti giornalieri si vide costretto, anche se contro voglia, a comprare una bicicletta usata. Questa fu una grande novità per il ragazzo, ormai sedicenne, che ora scorrazzava tutto il giorno in giro per la grande città, curioso di tutto, mentre a scuola continuava a essere disattento, svogliato, disinteressato. I professori per fortuna erano assai comprensivi: in fondo si trattava di un ragazzo sfollato, non sarebbe rimasto a lungo, dato che ormai la guerra era sul punto di finire, così tutti credevano, e presto sarebbe ritornato al suo paese; così rassicuravano il padre attribuendo il suo comportamento a sventatezza giovanile, dovuta all'età della crescita, ma anche alla precarietà del momento.

La guerra intanto era arrivata anche a Roma, nonostante la presenza del Vaticano, delle tante chiese, del Papa.

La città ora pullulava di soldati tedeschi. Dopo l'armistizio dell'8 settembre erano arrivati in massa. La loro presenza opprimeva, toglieva il fiato alla gente; la città era in stato di assedio, senza contare i bombardamenti degli alleati e le rappresaglie di alcuni giovani, uomini e donne, che si organizzavano per combattere il nemico nella loro stessa casa. Gli attentati si susseguivano a ritmo sempre più serrato, usando i mezzi più disparati per far sentire al nemico che c'era anche un'Italia antifascista non disposta ad arrendersi.

Fu appunto in seguito a una serie di attentati perpetrati da un gruppetto di giovani in bicicletta, provocando la morte di alcuni soldati tedeschi, che il Comando militare tedesco annunciò con vari manifesti incollati sui muri di tutta la città, che da quel momento, cioè dalla fine di novembre 1943, era proibito l'uso della bicicletta in tutta la città, pena la fucilazione immediata del ciclista e la confisca della bicicletta stessa. Senza processo. Un ordine che mise tutta la cittadinanza in subbuglio. A niente valse la reazione di chi era costretto a raggiungere il posto di lavoro a piedi o con camionette di fortuna e altri mezzi di trasporto assai avventurosi.

Simone non si curò di questi divieti, lui continuò ad andare a scuola in bicicletta, non solo, ma a girare proprio nei luoghi dove sapeva che si trovavano distaccamenti militari tedeschi, per esempio dalle parti del Castro Pretorio, quasi a voler provocare o meglio sfidare quelli che adesso per lui avevano preso il posto degli abissini. Accadde così che una sera, subito dopo l'ora del coprifuoco (in quel periodo cadeva alle 19, mentre più tardi fu anticipata addirittura alle 17) si trovò a passare proprio davanti a una pattuglia armata di tedeschi. Lui, nonostante l'alt che gli fu gridato con autorità, proseguì calcando con forza sui pedali, convinto che mai avrebbero potuto raggiungerlo, senza contare che era già buio e lui non aveva il fanalino obbligatorio. Fu questione di pochi secondi: uno sparo ben centrato e il ragazzo stramazzò a terra. La strada era deserta, nessuno corse in aiuto, nessuna finestra si aprì, nessuno guardò cosa era accaduto: tutti tappati in casa, paralizzati dalla paura.

Il ragazzo non si mosse più, rimase lì disteso, forse morto sul colpo o forse respirò ancora un poco, attonito, ignaro di quanto gli era accaduto.

Il padre, che già lo aspettava per la cena, ebbe finalmente il coraggio di uscire di casa per cercarlo. Come un ladro rasentava i muri dei palazzi, passando da una strada all'altra, chiamandolo quasi fra sé e sé, senza osare di gridare il suo nome per paura di essere scoperto da una pattuglia tedesca; quel silenzio, il rumore dei propri passi, la fioca luce dei lampioni e il freddo ormai invernale gli diedero il resto. All'angoscia iniziale subentrò una rabbia furibonda contro il figlio, e man mano che camminava si riprometteva di prenderlo a schiaffi, di dargli una lezione della quale si sarebbe ricordato per tutti gli anni futuri. Intanto, in una sorta di reminiscenza dolorosa, ritornavano alla memoria scene, episodi della vita del ragazzo che da quando era nato non aveva saputo dargli altro che preoccupazioni, frustrazioni a scuola, noie con i vicini di casa quando ancora abitavano al paese, rimproveri delle madri dei suoi compagni di giochi per via delle bastonate che sapeva assestare ai nemici della banda avversa, e altre seccature che in quel momento sembravano tanto importanti... e ora anche la provocazione di andare in bicicletta, di sera, pur sapendo che era proibito.

Infine, da lontano scorse un mucchietto di qualcosa, forse il corpo di un ragazzo disteso sul bordo della strada. Affrettò il passo pensando che quel qualcosa non poteva essere suo figlio. Contro-voglia riconobbe la giacchetta, i pantaloni grigi, le scarpe che gli aveva comprato qualche settimana prima, alla borsa nera. Si accostò, lo toccò, lo scosse un poco chiamando piano: Simone, Simone. Si accorse subito che era morto, e al primo stupore, al primo smarrimento seguì un grandissimo senso di colpa per averlo accusato fino a pochi minuti prima dei tanti fastidi che gli aveva procurato, delle delusioni, e perché no, anche per la rabbia di avere un figlio così poco gratificante. Lo sollevò da terra e se lo portò in braccio, come quando era un bambino piccolo.

La morte dell'unico figlio maschio significò una perdita irreparabile per entrambi i genitori.

Dopo il primo "No" urlato, quella sera, la mamma era crollata a letto, rifiutando il cibo e qualsiasi aiuto. Sembrava decisa a non vivere più. Questo aveva pensato Letizia quella sera, quanto mai indignata, perché nonostante tutto lei aveva fame e avrebbe voluto cenare con o senza il fratello. E anche Pia voleva mangiare. Così si erano sedute insieme al tavolo di cucina, avevano spostato i libri e i quaderni del fratello, e per la prima volta avevano mangiato da sole, senza capire perché i genitori si fossero chiusi una in camera da letto, l'altro in salotto, muti, il viso bagnato di lacrime, ognuno per conto proprio. In fondo sarebbe stato più facile per tutti se il papà avesse pianto insieme alla mamma, magari abbracciandola: allora anche lei e Pia si sarebbero unite a loro e forse avrebbero versato qualche lacrima. Invece le due bambine non piansero neanche un poco. Erano soltanto spaventate. Non sapevano ancora che quando muore una persona cara bisogna piangere.

Letizia, sempre più spesso si sorprendeva a osservare i genitori con occhi di estranea.

Vedeva la debolezza materna con sempre crescente irritazione, cosa che alla fine le provocava non pochi sensi di colpa: era convinta, anche se oscuramente, che la sua reazione, quella cioè di passare da una malattia all'altra, non fosse altro che una fuga, un non voler accettare la realtà. Un rifiuto al dolore stesso.

Dopo un primo periodo di smarrimento, capì di essere ormai la figlia più grande, quella cui era riservato un ruolo di maggiore responsabilità, forse di privilegio. Ma questa prima fase durò assai poco. Subito ne subentrò una seconda: si sentì orfana. Le mancava il nemico giornaliero col quale scambiare scaramucce, pizzicotti, dispetti di vario genere, il sale nella minestra della sua piccola vita. Pia, così insignificante e noiosa, non avrebbe mai potuto riempire il grande vuoto lasciato dal fratello.

Per la prima volta si scontrò con un fattore nuovo e imponderabile: la morte, cioè la scomparsa definitiva di una persona che era stata una parte importante della sua vita, e questo, da un momento all'altro, senza alcuna preparazione, senza un motivo reale. Il ragazzo era uscito per fare un giretto prima di cena e non era tornato più. La sua cartella di scuola, i quaderni, i libri, tutto era rimasto come lo aveva lasciato: i compiti fatti a metà, i libri ancora aperti sul tavolo di cucina. Aveva assistito all'attesa angosciosa della madre, senza capirne l'apprensione e poi al rientro del padre, che senza una parola aveva depositato il corpo del ragazzo sul suo letto, nella sua piccola stanza, scoppiando finalmente in singhiozzi disperati. Mai, mai avrebbe dimenticato le ore che seguirono. E in questa estrema esperienza non aveva avuto nessun aiuto dai genitori, chiusi a loro volta in un mutismo ostile che li allontanava l'uno dall'altra e dalle due bambine.

Conobbe una nuova solitudine, un senso di inutilità di tutte le cose mai conosciuto prima; ma ciò che più l'angosciava era l'impossibilità di spiegare a se stessa quanto stava accadendo; perché la vita fosse cambiata così radicalmente, cioè perché la scomparsa del fratello avesse sconvolto a tal punto l'equilibrio e la stabilità della sua famiglia. La sera, prima di addormentarsi, veniva sorpresa da pensieri più grandi di lei: le prime riflessioni, del resto assai confuse, sulla complessità dell'essere umano, sul vivere insieme, sulle interdipendenze che si stabiliscono in un nucleo familiare, anche contro la volontà dei singoli. Inconsciamente, aveva iniziato il cammino, il grande viaggio della vita, con tutte le sue incongruenze, le sue domande senza risposte, i diversi interrogativi che l'avrebbero accompagnata per il resto della sua esistenza.

Le due bambine erano abbandonate a se stesse. Nessuno che si curasse di loro, se si lavavano la mattina, se indossavano le calze calde, il maglioncino, se si pettinavano; sembravano due orfane. Letizia andava a scuola, Pia restava a casa ad annoiarsi e quando la sorella maggiore rientrava, si sedevano insieme in cucina e mangiavano quello che trovavano, il padre fuori casa, la mamma ammalata, a letto.

I genitori parlavano poco fra di loro, il tono sempre irritato. Il padre, insofferente di quella situazione, la madre lamentosa:

«Sarebbe stato meglio se fossimo rimasti in Sicilia... anche una bicicletta dovevi comprargli... » rimproveri che si ripeteva lui stesso mille volte, senza trovare pace. E si chiudeva in un mutismo che sempre più lo isolava dal resto della famiglia. La mamma al contrario si era scelta il ruolo di vittima al quale non poteva né voleva rinunciare; ogni giorno una nuova malattia, un nuovo dolore che la paralizzava, al punto da non poter muovere un solo passo fuori della stanza da letto. Il medico, chiamato ogni volta dal marito, non sapeva trovare una cura adatta, e inutilmente cercava di ricordarle che aveva ancora una famiglia bisognosa delle sue cure. Lei sembrava non capire o forse si rifiutava soltanto di capire.

Anche la durezza del padre che a sua volta si nascondeva dietro un muro di silenzio, sempre accigliato, non triste, soltanto contrariato, disorientava le due bambine.

Letizia non capiva il perché di quella reazione, perché non cercassero di accettare quel lutto, di adattarsi a una nuova vita senza Simone. Questi pensieri la distraevano dalla propria perdita, che in fondo neanche lei riusciva a realizzare ed elaborare emotivamente. Sentiva solo crescere ogni giorno di più la propria impotenza contro il mondo degli adulti.

Ma era furiosa soprattutto contro la guerra.

Dopo lunghe riflessioni aveva concluso che la guerra era la causa principale di tutto il loro malessere; che alla resa dei conti i veri colpevoli erano proprio loro, gli adulti, perché facevano la guerra. Ora scopriva che c'era un modo più sottile di farsi del male. Se fuori la guerra portava distruzione e morte, palazzi che crollavano, bombardamenti e soldati che sparavano per strada, dentro le case le ripercussioni erano ancora più gravi: disgrazie, lutti, solitudine, disperazione. Il silenzio può uccidere, aveva capito, e anche l'incomunicabilità, il cattivo umore che coinvolgeva i bambini, ignari di tutto, abbandonati al loro destino. Guardava i due adulti che fino a poco tempo prima aveva considerato parte integrante della propria vita, come due sconosciuti, e pensava con rabbia: "Anche loro si fanno la guerra... perché non la smettono...? perché non parlano fra di loro invece di combattersi a forza di silenzi? perché non ce ne torniamo a casa nostra e riprendiamo a vivere come prima?".

Fu un inverno assai triste, fra un bombardamento e l'altro, con attentati per le vie della città, bombe che esplodevano quando uno meno se lo aspettava, sirene d'allarme che ululavano di notte e spesso anche di giorno, rastrellamenti di uomini per strada inviati subito in campi di lavoro in Germania, e ogni giorno la paura che il padre non rientrasse più, forse portato via, senza neanche avvertire la famiglia. Letizia anche se sembrava ignorare la tensione che sempre più si impossessava della città, in realtà era sovreccitata, i nervi a fior di pelle, facilmente irritabile, incapace di concentrarsi a scuola, impaziente a casa con la sorellina. Pia invece continuava ad aspettare il fratello, ma non lo diceva a nessuno; ogni volta che sentiva squillare il campanello della porta correva speranzosa, convinta che un giorno o l'altro sarebbe rientrato.

Soltanto dopo qualche mese si rese conto che la sua famiglia non era più quella di prima.

Quando Letizia provocò quell'incidente, in cui Pia si ruppe il braccio, in un primo momento la madre sembrò svegliarsi dal torpore nel quale aveva vegetato tutto l'inverno. Ma fu questione di poco tempo. Neanche l'arrivo degli alleati a Roma riuscì a strapparle un sorriso, una sola parola positiva: il suo primo pensiero fu di tornare in Sicilia, il più presto possibile. Il medico, per curare almeno parte delle sue diverse malattie, consigliò di andare appunto a Castellammare di Stabia. Alla fine di giugno il marito, dopo aver liquidato l'appartamento, organizzato il trasporto della salma del figlio, che voleva seppellire nella tomba della sua famiglia, l'accompagnò insieme alle bambine fino a quella località termale, allora quasi completamente distrutta dalla guerra, per proseguire poi da solo verso la Sicilia.

Fu così che ai primi di luglio si vide per le vie della cittadina quella strana coppietta, una piccolina con un braccio solo, l'altra più grandina, sempre ingrugnata, in giro senza meta; due bambine sole, perché la madre era occupata con le cure tutta la mattina e parte del pomeriggio. Letizia riceveva qualche lira da spendere per gelati, frutta che comprava al mercato e qualche giocattolo per Pia; dalla morte del fratello era molto maturata, una donnina piena di responsabilità ma assai autoritaria, in particolare nei confronti della sorellina, che comandava a bacchetta e se necessario picchiava se soltanto osava contraddirla. Inoltre i suoi giochi erano violenti; si scatenava con molta facilità andando spesso oltre ogni limite.

Era subentrato un cambiamento: la scomparsa del fratello col quale aveva rivaleggiato tutti gli anni della sua vita, stranamente la irritava, la considerava una grande ingiustizia. In lei si era aperto un vuoto che non sapeva come colmare e questo nuovo stato d'animo la rendeva inquieta, irritabile, scontenta. Le sue esplosioni di incontrollata ira si rivolgevano tutte contro Pia, che da parte sua si sentiva abbandonata, in balia degli umori della sorella. Inoltre tremava per lei, perché vedeva che in qualche modo provocava la sorte: attraversava infatti le strade senza badare al traffico cittadino, per fortuna assai modesto, rischiando di venire travolta da qualche mezzo di trasporto, oppure di scontrarsi con adulti che non si preoccupava di scansare. Andava in giro quasi le strade fossero vuote e in tutto il suo modo di comportarsi c'era aggressività, ma anche rabbia, e una sorta di sfida contro il mondo intero che sentiva ostile.

A Roma la scuola, le compagne, la maestra, avevano equilibrato in qualche modo la sua vita, permettendole più o meno di abituarsi a quella nuova situazione. Ora in questa cittadina straniera aveva perso ogni controllo; l'eccessiva libertà, il non aver più niente da fare, tutto il giorno, la sorellina sempre alle costole con la quale era impossibile parlare di qualsiasi cosa, tanto era troppo piccola per capire. Tutto questo la esasperava. Le giornate erano estremamente lunghe, piene di noia e quando la mamma usciva la mattina per le sue cure, lei si riempiva di odio. Sentiva che fuggiva dalle sue responsabilità e avrebbe voluto sgridarla come faceva con Pia.

Nella pensione in cui abitavano c'erano pochi ospiti, tutti uomini. Si trattava più che altro di un appartamento con diverse stanze, un bagno comune, una servetta piuttosto lenta di comprendonio e la padrona al contrario fin troppo presente che preparava anche da mangiare e non permetteva a nessuno di entrare in cucina. Una volta Pia, mandata dalla madre a chiedere un bicchiere di acqua, si era fermata sulla porta e mentre aspettava che la donna le desse quanto richiesto, si era affacciata alla finestra che dava sul cortile. Si trattava di una vetrata che scendeva fino a terra. Da lì vide lungo il muro di fronte dei grossi ratti scorrazzare da una parte all'altra, salire quasi fino alla finestra, che dato il caldo era aperta. Corse in camera terrorizzata, balbettando qualcosa di grossi topi. Letizia, quanto mai infastidita e impaziente, era andata in cucina e non avendo guardato dalla finestra, non aveva capito cosa fosse accaduto.

«Di che topi hai parlato... che cosa hai sognato?» e giù uno scappellotto.

A pranzo, seduti insieme agli altri ospiti a una lunga tavola, erano costrette a sentire sempre racconti di guerra, di uccisioni, morti, mutilazioni che la madre non avrebbe voluto ascoltare. Un uomo abbastanza giovane, forse neanche trentenne, aveva subito attirato l'attenzione delle bambine perché aveva una gamba sola e si appoggiava al bastone con un moncherino di braccio che teneva scoperto dato il caldo insopportabile. Fra loro avevano concluso che un braccio e mezzo si univa a una gamba e mezza, in tutto due arti interi e due mezzi, ma non erano sicure di questo non osando chiedere se sotto i pantaloni nascondesse anche un'altra mezza gamba. Con la mamma era impossibile parlarne, così ogni giorno si scambiavano occhiate di intesa. Quell'uomo del resto era sempre tetro, parlava assai poco e raccontava di malavoglia, con mezze frasi, quanto gli era accaduto.

Un vecchio pensionato, con una fame fuori dal comune, sedeva sempre alla fine del tavolo e non prendeva mai parte alla conversazione, interessato solo a riempire il proprio piatto; la mamma aveva detto che abitava in quella pensione stabilmente, essendo solo. Tutta la sua famiglia era morta sotto i bombardamenti. Lui si era salvato solo perché in quel momento era fuori casa. Letizia aveva chiesto perché mangiasse tanto e la mamma aveva risposto che cercava di compensare... Le due bambine avevano pensato a lungo cosa si potesse compensare col cibo. Per Pia la cosa aveva poca importanza, a lei interessava di più l'uomo con un braccio e una gamba sola, che in realtà le procurava incubi, per via del moncherino, osceno nella sua nudità. Ogni volta che lo guardava si vergognava, anzi arrossiva e non sapeva perché. Quel pezzetto di braccio la sconcertava, provava un senso di schifo e temeva che alla fine anche il suo braccio, tolta l'ingessatura, sarebbe venuto fuori proprio così; lo aveva chiesto alla mamma che non aveva capito il senso della sua domanda, o forse non aveva neanche fatto attenzione a quello che diceva. Letizia invece le aveva subito risposto, col tono di sufficienza che usava con lei.

«Non credo, non lo so, e tu sei una stupida a farti questi pensieri... ancora qualche giorno e lo vedrai.» Cosa che aveva lasciato la piccola più insicura di prima.

Il terzo era uno che veniva di passaggio, infatti partiva e tornava, sempre carico di grosse valigie. La mamma aveva detto che era un affarista. Pia non aveva afferrato bene la parola ma Letizia aveva cercato di spiegare che un affarista è uno che fa affari, benché lei stessa non sapesse cosa fossero "gli affari". In fondo anche per lei un affarista era una persona assai misteriosa, forse poco raccomandabile. Ad ogni modo era quello che chiacchierava più di tutti e Letizia non lo sopportava, anche perché una volta in mezzo alle tante parole che riusciva a pronunciare a una velocità sbalorditiva, aveva sentito una frase che l'aveva allarmata:

«Ma signora... lei parla di età matura... lei è giustamente matura come una pesca... una pesca acerba non si può neanche addentare!» La mamma era arrossita, imbarazzata da quel paragone e si era schermita sempre più confusa, mentre il giovane con una gamba sola ridacchiava sardonico e il vecchio continuava a ingozzarsi senza badare a quanto accadeva intorno a lui.

Tornati in camera, Letizia aveva subito chiesto spiegazioni:

«Perché ha parlato di una pesca matura e di una acerba... che vuol dire? E perché sei diventata tutta rossa?» La mamma arrossì di nuovo, infastidita.

«Lascia perdere, gli uomini spesso parlano senza sapere cosa dicono.» Ma questa risposta provocò altre domande.

«Che vuol dire... si può parlare senza sapere quel che si dice?»

«Letizia, per favore, smetti di fare domande, mi stanchi.»

Ma l'affarista, ogni volta che pranzava con loro, tornava alla carica e Letizia aspettava ansiosa una frase, uno sguardo, qualcosa che mettesse la mamma in imbarazzo e si indignava, intuendo in qualche modo che ci doveva essere qualcosa di indecente.

«Gentile signora, oggi mi sembra fresca come una rosa... è un piacere guardarla.» E la mamma arrossiva abbassando il viso sul piatto.

«Ma che dice... una rosa e davanti alle mie bambine!»

Letizia prese a odiare quell'uomo, mentre Pia si limitava ad aprire la bocca piena di stupore; di tutte quelle manovre non capiva niente, sentiva solo che la mamma era confusa e la sorella irritata.

Ma la mamma, dopo mesi di profonda malinconia, di lutto, di mutismo, cominciava a vestirsi con cura; anzi andò perfino dalla parrucchiera per farsi fare la permanente, dopo tanto tempo, e si comprò una camicetta bianca da abbinare con tutta la roba nera che aveva. Sembrava effettivamente rifiorire, forse le cure l'aiutavano, ma forse scopriva che era ancora una donna che poteva piacere. E lo era infatti: alta, snella, bruna, di carnagione quasi olivastra, occhi neri espressivi, tutti segni di una bellezza meridionale assai tipica.

«Ma lo sa che questa pettinatura le sta proprio bene?» non mancò di notare l'affarista, divertendosi pure lui: si accorgeva dei cambiamenti, della cura che la donna metteva nel vestirsi, della sua eleganza, di un accenno di civetteria, in una parola del risveglio di quella donna dopo un lungo sonno fatto di rinunce, dolore, disperazione. Lei si faceva di fuoco, sorrideva sempre più imbarazzata e lui ne era soddisfatto: poche parole, qualche complimento ben azzeccato... e voilà! Un effetto sorprendente! Il vecchio, benché sembrasse occupato solo a mangiare, in realtà non perdeva una battuta e una volta commentò, fra la sorpresa generale:

«Una donna onesta deve chiudere le orecchie e la bocca... il mondo è cattivo e traditore.»

Letizia non si dava pace, cosa voleva dire quel vecchio? Perché una donna onesta deve essere sorda e muta? Ne parlava con Pia che non si interessava affatto a questi problemi, e anzi non ne capiva niente. La mamma non aveva saputo rispondere in modo esauriente, aveva solo detto che una donna deve essere modesta e basta, ma la bambina non era affatto soddisfatta.

«Perché soltanto le donne devono essere modeste e gli uomini no? E poi, una donna sorda e muta può anche non essere modesta... e che vuol dire essere modesta?» La mamma, non disposta a seguire i suoi ragionamenti, si metteva a letto e la pregava di star zitta e buona.

Mentre la mamma riposava dopo pranzo, prima di uscire per la seconda cura del pomeriggio, ma per lo più di mattina, dopo i loro giri per le poche vie della cittadina che ormai conoscevano a memoria, le bambine si sedevano sulla grande terrazza coperta che si apriva davanti alla porta della loro stanza. Dall'alto osservavano per ore la strada sottostante occupata dal mercato rionale, il viavai della gente, gli affari a volte loschi, i piccoli furti che si svolgevano sotto i loro occhi: Pia non se ne accorgeva nemmeno, mentre per Letizia erano motivo di malessere, angoscia, paura e spesso brutti sogni. Ogni volta avrebbe voluto chiudere gli occhi per non vedere. Sentiva vagamente che mai avrebbe dimenticato quelle scene, che tutto era segnato nella sua carne, come ferite che non si sarebbero mai rimarginate.

Ma qualcosa la costringeva a guardare.

Era un veleno che si infiltrava dentro di lei, una droga che cercava ogni giorno: l'affascinava la scoperta del male, l'ingiustizia che vedeva per la prima volta a occhi nudi. Ne era attratta e nello stesso tempo disgustata. Ogni giorno sedeva in attesa del prossimo scippo, degli urli di rabbia di chi era stato derubato, della mano svelta che passando accanto a un banco di frutta trafugava una pesca, una mela e nessuno se ne accorgeva, mentre lei tremava, eccitata. Ma era sconvolta anche da scene di violenza, risse; dall'aggressività a fior di pelle che vedeva dal suo posto di osservazione, dalla terrazza, al sicuro, mezzo nascosta, per non essere chiamata a testimoniare, come le era accaduto una volta. Avrebbe voluto sparire. Sottovalutava però il pericolo maggiore, quello di venirne contaminata, in qualche modo sporcata, perdendo la propria innocenza, la fiducia nel mondo, nei suoi simili. E impallidiva, arrossiva, tremava, al contrario di Pia che non notava niente.

Interessante per ambedue era quanto accadeva dietro i banchi di vendita. Qui attirava la loro attenzione un donnone assai imponente, con un vocione che riusciva a coprire il rumore della strada, occupata fin dal mattino a cucinare ogni giorno sempre la stessa minestra. Seduta su una panca piuttosto bassa, a gambe larghe, accendeva il fuoco in un minuscolo focolare di creta servendosi con estrema parsimonia di qualche manciata di carbonella che prendeva da una cassetta misteriosa, piena forse di oggetti rubati, come sospettava Letizia, dato che la donna non permetteva a nessuno di metterci le mani, contenente anche pezzetti di legno, giornali e chissà che altro. Con un ventaglio di paglia sventolava energicamente, aiutandosi di tanto in tanto con potenti soffi provenienti dalla sua enorme bocca più o meno sdentata. Su quel fuocherello assai modesto infine poggiava una grossa pentola di coccio piena di acqua. Ora si metteva a sbucciare montagne di patate che man mano tagliava a pezzettini assai minuti per versarli nella pentola. Le bambine osservavano affascinate tutta la scena sapendo già in precedenza cosa sarebbe accaduto dopo. La fine infatti era sempre la stessa: con decisione prendeva un sacchetto che aveva tenuto tutto il tempo accanto a sé e lo rovesciava nella pentola. Si trattava di pasta corta, cioè di resti di vari tipi di pasta che costava assai poco. Poi con la massima energia mescolava il tutto fino a cottura ultimata, senza tralasciare il ventaglio col quale continuava a sventolare affinché il fuoco non si spegnesse. A un certo punto arrivava il grido ormai noto.

«Guagliò... venite a magnà!» Subito accorreva una frotta di ragazzi di tutte le età, uomini compresi, con una gavetta militare in mano, e ognuno riceveva una grossa mestolata di minestra di patate. Bisognava poi vedere con quanta rabbia succhiavano quella roba direttamente dalla gavetta, senza l'aiuto di un cucchiaio; sembrava una scommessa a chi finiva prima e mangiando si guardavano in cagnesco: quando finivano sicuramente erano più affamati di prima. Ogni volta a Letizia si torceva lo stomaco e avrebbe dato qualcosa per assaggiare quella brodaglia, mentre Pia era soltanto nauseata da tanta voracità. Così, quando arrivava l'ora di pranzo, Letizia aspettava impaziente che la mamma le riempisse il piatto e si ingozzava senza neanche accorgersi di quello che mangiava. Al contrario Pia riusciva a malapena a ingoiare qualche cucchiaiata di minestra.

Di solito, dopo il riposino pomeridiano, accompagnavano la mamma fino alle Terme, per poi gironzolare lungo le strade della cittadina, sole, senza meta, finché a una certa ora si ritrovavano davanti all'uscita, annoiate, stanche, in attesa del gelato che la madre non mancava di comprare. Prima di tornare alla pensione passavano ogni volta dalla cosiddetta Cassarmonica, un bellissimo padiglione dove in tempo di pace si faceva musica. Ora era rimasto solo uno scheletro, miracolosamente salvato dalla furia della guerra. Dappertutto erano visibili i segni delle distruzioni fatte dai tedeschi in ritirata, le navi affondate nel porto, i muri pericolanti delle case, le macerie ammucchiate lungo i marciapiedi. Le bambine ormai abituate a queste scene non ci facevano più caso, ma la mamma ne soffriva ancora.

Da quando erano a Castellammare sembrava non pensare al figlio, e questo lo aveva notato soprattutto Letizia.

«Tu hai dimenticato Simone, io no, io lo penso ogni giorno e me lo sogno anche la notte.» Non aggiunse che sognava che il fratello tornava da tanto lontano, bussava alla porta di casa e nessuno lo lasciava entrare. Un brutto sogno che la tormentava poi tutto il giorno. Perché non lo lasciavano entrare? Chi non lo lasciava entrare... i genitori, forse?

La mamma scoppiò in lacrime.

«Sei una bambina cattiva.» disse. E Letizia non capì perché fosse cattiva. Neanche Pia lo capì.

Intanto si avvicinava il momento della partenza. Prima però bisognava togliere l'ingessatura a Pia. La madre si era già messa d'accordo col medico delle Terme. In fondo si trattava di poca cosa.

Quella mattina la bambina era particolarmente preoccupata, mentre Letizia si prendeva gioco di lei.

«Vedrai come ti senti quando hai di nuovo due braccia... se le avrai!»

«Stai zitta. Che dici, se le avrai, certo che avrà due braccia.» La mamma cercava di calmare la piccola, e non capiva come potessero nascere quei dubbi. Il fatto era che per tutto quel tempo la bambina non aveva più sentito di avere un braccio... ma come dirlo alla mamma? Letizia invece ogni tanto la picchiava sull'ingessatura chiedendole subito se sentiva qualcosa e vedendo la sua reazione negativa cominciava a preoccuparsi seriamente: magari il braccio era morto. La mamma l'aiutò a togliersi quel vestitino odioso che aveva portato per più di un mese e rimase con le sole mutandine. Il medico prese un coltellino assai affilato.

«Mamma, le taglia la pancia!» urlò Letizia. Pia sentì gli occhi bruciare di lacrime, ma era talmente paralizzata dalla paura che le sue ciglia rimasero asciutte. Il medico con molta cautela prese a tagliare partendo dal basso, tutti gli occhi puntati su quel coltellino, forse anche lui preoccupato di scalfire la pelle della bambina; ma l'ingessatura era assai robusta e dovette calcare la mano. Letizia, il fiato sospeso, era pronta a urlare se soltanto avesse visto una goccia di sangue. Il medico aveva la fronte imperlata di sudore forse per il caldo già a quell'ora soffocante, ma anche per il nervosismo che in qualche gli aveva trasmesso quella strana clientela; quando arrivò sotto il mento, vedendo come la corazza cominciava ad aprirsi, tirò un gran sospiro di sollievo. Il più era fatto. Ora era Pia a tremare in tutto il corpo: sarebbe venuto fuori il suo braccio intatto, come era prima o soltanto un moncherino come il giovane della pensione?

Finalmente il medico sfilò del tutto l'ingessatura e venne alla luce un corpicino assai magro e un braccino coperto da una leggera peluria bianca e lunga. Letizia non riuscì a trattenere un OH! mentre Pia si accorgeva che lentamente il proprio braccio si allontanava dal corpo, senza la sua volontà, girando dietro la schiena come l'ala di un uccellino, leggero e quasi incorporeo. Il medico preparò una specie di fascia, dicendo:

«Non ti preoccupare, è soltanto perché manca di esercizio. La muscolatura si è indebolita, è soltanto questione di giorni, vedrai che si riprenderà presto e questa peluria cadrà piano piano. – Pia lo ascoltava e non sapeva se tranquillizzarsi o no. In ogni caso era assai sconcertata: il suo braccio era del tutto privo di sensibilità, ma non disse niente per non inquietare la mamma.

Ora dovette indossare il solito vestitino rosa, ma questa volta il braccio, infilato nella fascia a tracolla, venne tirato fuori dalla manica. Per non farlo scappare, aveva subito pensato.

Qualche giorno dopo l'affarista disse alla mamma che aveva un amico disposto a portarla fino a Salerno, sconsigliandole, per certi suoi motivi che non volle chiarire, di prendere il treno a Castellammare. A Salerno avrebbe trovato con certezza un treno per Reggio Calabria. L'amico dell'affarista aveva una camionetta che trasportava di tutto, oltre a cassette di frutta e verdura, anche qualche passeggero. Ma i tempi erano tali che pur con un certo disagio, la mamma accettò di partire con quel mezzo di fortuna. L'affarista le consigliò di arrivare in giornata per prenotare i biglietti, scusandosi di non poterla accompagnare come avrebbe voluto, ma il lavoro... il lavoro.

E così iniziò la grande avventura.

Partirono di mattina assai presto. Erano state avvertite che sarebbe stato un viaggio piuttosto lungo, nonostante che fra Castellammare di Stabia e Salerno ci fossero meno di quaranta chilometri; ma le strade in cattivissime condizioni, la consegna di merce in diversi paesi, il carico e scarico di merci e altri passeggeri, consigliavano una partenza anticipata. Alla fine se ne andò mezza giornata.

Salerno era una città semi-distrutta: lo sbarco degli alleati aveva causato centinaia di bombardamenti; la maggior parte delle case ridotte a un mucchio di macerie formicolanti di bambini, donne e cani randagi; il traffico stradale caotico per la quantità di gente, il movimento di carretti a mano, jeep di militari, venditori ambulanti e altro.

Letizia, incurante delle raccomandazioni della mamma, appena in città si rifiutò di sedersi sulle cassette di frutta ormai vuote e rimase in piedi, eccitata anzi euforica, felice di quell'avventura inaspettata; si aggrappava però con ambedue le mani alla cabina del camioncino, attenta a ogni sobbalzo, a ogni curva presa con troppo slancio dall'autista, conscia del pericolo di fare un salto sulla strada. Tutto il contrario di Pia, abbracciata alla madre, spaventata, in stato di allarme. Quando finalmente scesero nelle vicinanze della stazione si sentirono in salvo. Ora dovevano badare alle due valigie. La mamma teneva stretta la manina di Pia e con l'altra portava una valigia; Letizia trascinava la seconda, con visibile fatica. La mamma le raccomandava ogni due passi di stare attenta perché aveva l'impressione di essere circondata da ladri, pronti a sfilar loro anche le scarpe dai piedi. Arrivarono in stazione e già da fuori videro una gran fila di gente che aspettava davanti alla biglietteria.

Si misero in fila.

«Mamma, ho fame... mamma... » Letizia per la grande agitazione tutto il giorno non era riuscita a ingoiare un solo boccone. Ora aveva una fame da lupi. Aveva visto la madre preparare dei panini con una frittata e da quando erano scese dalla camionetta i suoi pensieri giravano intorno a quei panini. La madre non era affatto disposta ad aprire la borsa, in quella confusione.

«Aspetta fino a quando abbiamo i biglietti, poi andiamo in un bar qui vicino e mangiamo qualcosa.» Ma Letizia non poteva aspettare. Seduta sulla valigia non la smetteva di snervare la madre. Dopo qualche minuto ebbe il suo panino. Pia la guardava al solito sbalordita. Lei ammirava incondizionatamente la sorella maggiore per la sua capacità di imporre la sua volontà perfino alla mamma e, se necessario, al mondo intero.

Un'attesa di ore, ma erano tempi in cui sembrava che gli esseri umani avessero imparato una delle virtù più trascurate e forse mai prima adeguatamente apprezzata, cioè la pazienza. Nessuno protestava, tutti aspettavano il loro turno e alla fine anche loro ebbero i biglietti per un treno che sarebbe partito soltanto in serata. Con i biglietti nella borsa la mamma si sentì tranquilla, le sembrava di aver compiuto il passo decisivo e la meta non era più lontana. Adesso si permise uno spuntino insieme alle bambine, seduta in un locale nei pressi della stazione. Cercò poi un ufficio postale per mandare un telegramma al marito, che almeno venisse a prenderle a Reggio Calabria, la mattina dopo.

Le poche ore rimaste le trascorsero in stazione, Letizia sempre in giro, irrequieta, curiosa di tutto; Pia attaccata alla gonna della mamma, agitata se non vedeva la sorella in mezzo alla gente che andava e veniva; la mamma, inquieta, a chiamare la figlia.

Le ore sembrava non volessero più passare.

Ad un certo punto sentirono dall'altoparlante che il treno era in stazione, che si preparassero, il biglietto in mano: non si lasciava passare nessuno se non dimostrava di possedere un biglietto. Evidentemente in treno, data la massa di passeggeri, non sarebbe stato possibile effettuare un controllo. Si ritrovarono in mezzo a una folla che si accalcava davanti a un'unica uscita, un passaggio stretto che immetteva sui binari. Due uomini controllavano i biglietti con estrema calma, tanto c'era ancora tempo, dicevano, mentre la gente cominciava a perdere la pazienza. Fra spinte, urti, proteste e richiami, tutti cercavano di superare la donna, spostando le valigie per passare, separandola dalle sue bambine, mentre Letizia in quel frangente continuava a sparire. Una massa vivente, un enorme mostro brulicante, vociante, ondeggiante, in continuo movimento. La mamma, con i nervi a pezzi, avrebbe voluto avere più di due mani, almeno due per salvare le valigie e una per tenere la manina di Pia che spaventata si aggrappava alle sue gambe impedendole di fare un passo. Ma chi avrebbe voluto legare con una catena, come si fa con i cani, era la figlia maggiore.

E accadde l'inaspettato. Una forte esplosione all'inizio della fila provocò un terribile fuggi fuggi: gente che scappava all'indietro, in una fuga selvaggia. Un'ondata umana travolse tutto, cieca, incurante delle proteste, delle urla di chi ne veniva trascinato. Pia venne scaraventata per terra e la mamma cadde sopra di lei. Subito altre persone inciamparono e si ammucchiarono sul suo corpo; una montagna urlante la soffocò, la compresse a terra, fino a farle perdere il respiro. La mamma urlava solo «la bambina, la bambina», ma la gente, incurante dell'ostacolo, continuava la sua corsa forsennata per allontanarsi il più possibile dall'esplosione, dal fuoco che nel frattempo si stava allargando a macchia d'olio, mentre il personale della stazione cercava di spegnerlo. Dopo un tempo indeterminato la mamma si ritrovò sola. La gente si era sparpagliata e del precedente parapiglia restava soltanto qualche valigia abbandonata, una scarpa qui, una persona là che cercava di rimettersi in ordine. La mamma si sollevò da terra: Pia era svenuta e quasi non respirava più. La sollevò, la chiamò fra le lacrime, la scosse. Nessuno correva in aiuto, nessuno si fermava. Infine vide che apriva gli occhi, stordita:

«Mamma... mamma.» balbettò. Con la piccola in braccio si mise a cercare la bambina più grande, gridando il suo nome, non osando però allontanarsi troppo dalle sue valigie, stranamente ignorate dalla folla in corsa. In quella confusione nessuno aveva pensato di portarle via. Letizia, poco prima che avesse inizio quella tragedia, era uscita fuori della stazione, per fare un giretto. Aveva bisogno di aria, aveva pensato, e poi trovava del tutto inutile mettersi in fila, data la quantità di gente che si affollava davanti a loro. Tornò quando vide la massa urlante che si riversava fuori della stazione: senza capire cosa stesse accadendo, cercò di farsi strada in mezzo alla folla, gridando a sua volta, «mamma, mamma», del tutto terrorizzata.

Si disse che qualche criminale aveva buttato della benzina per terra e dato fuoco. Nessuno sapeva spiegarsene il motivo, forse soltanto un incidente o un attentato contro qualcuno non ben identificato, ma una cosa era certa: quella sera il treno non sarebbe partito.

Si ritrovarono davanti alla stazione, scarmigliate, sconvolte, Pia ancora tremante per la brutta avventura appena vissuta, la mamma furibonda con Letizia e nello stesso tempo grata di averla di nuovo accanto a sé.

Era già buio. Bisognava trovare una stanza per la notte; il giorno dopo, era stato detto in stazione, ci sarebbe stato un treno nelle primissime ore del mattino per Reggio Calabria.

Dall'altro lato della piazza videro un'insegna: Locanda. La madre subito si diresse da quella parte e chiese una stanza pagandola anticipatamente. Il luogo era più che sospetto, una vera spelonca, un albergo a ore, ma non aveva scelta. Salirono le scale quasi al buio, seguendo una donna assai sgarbata che a un certo punto si fermò, aprì una porta e le fece entrare in una piccola stanza, una specie di sgabuzzino buio, occupato quasi per intero da un letto matrimoniale.

Tutti e tre sotto shock si sedettero finalmente sul bordo di quel letto, tanto non c'era una sola sedia, e senza neanche una parola si misero a piangere, anzi a singhiozzare, strette alla mamma. Letizia dopo un po' corse a chiudere la porta, ma si accorse che mancava la chiave. C'era solo un lucchetto e nessun'altra possibilità di assicurarla in qualche modo.

«Manca la chiave... che facciamo? Vado a chiamare la padrona.» La mamma la trattenne. Ne aveva abbastanza per quella sera. Mise soltanto le due valigie dietro la porta, convinta che sarebbero bastate, tanto era sicura che nessuno avrebbe cercato di entrare. Non si spogliarono, si tolsero solo le scarpe e andarono subito a letto, la madre indignata, perché scoprì che le lenzuola erano già state usate, per non dire che erano decisamente sporche. Non disse niente per non spaventare le bambine, ma mise un asciugamani sul cuscino, dicendo che bisogna fare sempre così quando si va in albergo. Le bambine erano così stanche che subito si addormentarono, senza badare a niente. Anche lei crollò, stretta alla più piccola, trovando conforto in quel corpicino fiducioso che anche nel sonno si stringeva a lei.

Non durò molto perché a una certa ora della notte qualcuno batté furiosamente alla porta, un ubriaco che voleva entrare a tutti i costi, mentre la voce di una donna accanto a lui strillava:

«No, no, non è qui che dobbiamo andare.»

La mamma, subito sveglia, come in un incubo, corse per la stanza in cerca di qualcosa da mettere dietro la porta; vide l'armadio, l'unico mobile oltre al letto e con la forza della disperazione lo spostò, in questo aiutata da Letizia, a sua volta balzata dal letto quasi non avesse aspettato altro. Pia nonostante quel fracasso continuava dormire, come tramortita. La stanza era vagamente illuminata da una luce spettrale proveniente dalla finestra, i vetri sporchi e senza tende. La misera lampadina che solitaria pendeva dal soffitto non aveva reagito, quando la mamma entrando aveva tentato di accenderla. La donna andandosene non le aveva lasciato neanche una candela o la lampada a petrolio con la quale le aveva accompagnate lungo le scale. Evidentemente mancava la luce, cosa allora abbastanza normale.

Sembrava un incubo, irreale, addirittura allucinante. E meno male che la piccola non si era accorta di niente.

L'ubriaco, chiaramente un soldato americano, aveva smesso di tempestare la porta di pugni e calci, forse trascinato via dalla donna con la quale intendeva trascorrere qualche ora, mentre altre voci di uomini e donne protestavano dalle stanze accanto.

«Basta... silenzio! Che succede?»

«Madonna santissima, dove siamo capitate?» mormorava la mamma tremando in tutto il corpo intanto che si sedeva sulla sponda del letto. Letizia al contrario calma, forse ignara del pericolo corso, le passò un braccio intorno alle spalle, protettiva nonostante i suoi pochi anni.

«Non fa niente, mamma, calmati, ne abbiamo ancora per poco, sta spuntando il giorno, lo vedi... fra un po' dovremo andare in stazione.» E le posò un bacio timido sulla guancia, il primo da chissà quanto tempo. Il suo rapporto con la mamma non era stato dei più semplici, soprattutto da quando era nata Pia. Anche dopo la morte di Simone non era migliorato; le cosiddette smancerie erano permesse solo alla più piccola; lei diventata di colpo grande, non voleva essere sfiorata da una carezza, da un bacio, senza contare quella sorta di risentimento che covava dentro per la reazione, secondo lei irrazionale, dei genitori negli ultimi mesi.

Con dolcezza l'aiutò a distendersi sul letto continuando a carezzarle i capelli. La madre l'abbracciò grata, commossa, e sentì forse per la prima volta l'amore di quella bambina forte, indipendente, certo caparbia ma già piena di tanto calore umano.

Il vagone bestiame

«No, non voglio.» La gente spingeva da tutte le parti, grida di impazienza:

«Ma che c'è? perché non si va avanti? forza, forza che il treno parte.»

La bambina puntava i piedi, indispettita, decisa a non muoversi. Zio Turi, che già lungo il cammino da casa fino alla stazione era stato più volte sul punto di perdere le staffe – si era infatti rifiutata di dargli la mano, anche quando attraversavano la strada – ora riusciva a stento a frenare la voglia di mollarle uno schiaffone di quelli che fanno epoca. Zio Gino, un giovanotto sempre di buon umore nonostante le molte peripezie della sua vita, per uno strano senso di solidarietà parteggiava per la bambina: a lui aveva dato la manina, fiduciosa, senza alcuna resistenza, cosa che lo ripagava dell'atteggiamento borioso e irritante del fratello maggiore. Ancora all'ultimo momento, infatti, fra i due erano scoppiate scenate su scenate da far tremare i muri della casa.

Fino ad allora non c'era stato nessun contrasto fra i due fratelli, l'uno sarto e il minore, Gino, reduce da una guerra per lui durata una decina di anni, fra servizio militare, Africa e tutto il resto. Soltanto dopo l'8 settembre del '43, nella confusione del momento, era riuscito a scappare dal fronte. Un colpo di fortuna, continuava a ripetere, o forse un miracolo di non sapeva quale Santo; ad ogni modo non era mai stanco di raccontare le sue disavventure militari. Solo che non sempre trovava qualcuno disposto ad ascoltarlo.

Zio Turi considerava il fratello un fanfarone, un caso disperato, uno perseguitato dal malocchio dal quale era bene tenersi alla larga. E quasi non bastasse, lo disprezzava.

«Io ho fatto la guerra anche per tutti quelli come te» dichiarava senza molta convinzione Zio Gino. Doveva averlo sentito dire da qualche suo camerata, pensava il fratello, non riuscendo ad attribuire un pensiero di tale portata a quel giovanotto con la testa per aria, sempre pronto a raccontare barzellette, fare uno scherzo idiota e peggio ancora a cantare "E lucean le stelle" ogni volta che mancava la luce. Cosa che del resto accadeva ogni sera.

Anche questa un'idea fissa. Era infatti convinto di essere un tenore. Col talento che si ritrovava, ripeteva spesso, se la patria non lo avesse chiamato già a diciotto anni, travolgendolo poi in una guerra interminabile, oggi chissà in quali palcoscenici del mondo sarebbe stato, applaudito, osannato, pieno di soldi. Un tasto che toccava soprattutto col fratello Turi, rimasto buono buono a casa, nella sua botteguzza, a cucire pantaloni e giacche per i fascisti del luogo, ossequiandoli quando venivano per le prove, con baciolemani a destra e baciolemani a manca. Gino non si era mai curato di politica, anzi diceva che la politica era la rovina della gente onesta: bastava vederne i risultati.

Zio Turi montava in bestia e lo copriva di insulti.

«Soltanto un cretino come te può dire tali assurdità. Gli animali, solo gli animali vivono senza politica e tu parli così perché sei un animale.» Qui interveniva la madre che proteggeva il figlio minore perché tanto sfortunato, senza lavoro e in più disertore.

«Tuo fratello ha ragione: ha pagato per tipi come te. Ha fatto la guerra anche per te, vigliacco smidollato. Se non ci fossero stati tanti animali come Gino avresti dovuto andare tu a fare la guerra, e magari non saresti neanche ritornato.»

Ora la nuora da Roma, in seguito alla telefonata della nonna – una telefonata assai dura, in cui aveva soltanto comunicato che quella sciocca si era messa in testa di fare lo sciopero della fame – aveva chiesto che qualcuno le portasse la bambina, senza però specificare chi, dei due cognati, avrebbe dovuto accompagnarla.

La nonna non aveva detto proprio così. Mai le sarebbe venuto in mente che una bambina di sei anni potesse scioperare. Gli altri, i fratelli e la sorella maggiore, non protestavano, quello che cucinava lei andava bene per tutti. Solo quella smorfiosa trovava il pelo nell'uovo. Lei declinava ogni responsabilità. Non voleva essere accusata di averla fatta morire di fame. Ormai da una settimana rifiutava il cibo; non voleva neanche sedersi a tavola; odiava la frutta, le mele, le pere... tutta robaccia per lei; solo qualche pezzetto di pane, meglio se duro, con un filino d'olio, appena sufficiente per sopravvivere. Non beveva latte, non mangiava verdura e tanto meno la pasta. Il pesce, la carne, li detestava. Non ne poteva più. Quella creatura le avvelenava gli ultimi anni di vita. Che se la riprendessero e la lasciassero in pace.

Per strada la gente si fermava a guardarla, a commiserarla anche, perché sembrava reduce da un campo di concentramento. C'era proprio da vergognarsi e in realtà lungo il cammino da casa fino a quello che restava della stazione ferroviaria, bombardata dagli alleati o forse dai tedeschi, non gli era affatto dispiaciuto che si fosse rifiutata di dargli la mano. Si era soltanto irritato. Che se la tenesse ben stretta quella faccia da galera di Gino. In fondo anche lui sembrava venire direttamente dalla prigionia: magro, le gote infossate fino all'inverosimile, gli occhi sporgenti – Turi lo aveva soprannominato *occhi 'i crastu*[8] – i pantaloni che ballavano sulle gambe e su un didietro inesistente, la giacca che pendeva da tutte le parti: una bella coppia davvero, zio e nipote. E meno male che camminavano a qualche passo dietro di lui.

Una compagnia che lo metteva a disagio.

---

[8]Occhi di castrato

«Che razza di parenti ho... un *testa leggia*[9] e una peste di bambina.»

E ora, alla stazione, quella sciocca si rifiutava anche di salire sul treno. Un carro bestiame, certo. Ma non c'era altro. La 'nobil' creatura non voleva abbassarsi, si rifiutava di mescolarsi con la gentaglia, di salire su un vagone dove s'ammucchiavano, l'uno sull'altro, uomini carichi di aggressività. Un branco di bestie selvagge pronte a sbranarsi fra di loro.

Zio Turi l'afferrò per la vita e a forza la issò sul vagone, mentre quella strillava e piangeva scalciando a tutta forza, tanto che lo colpì in piena faccia. Il naso prese subito a sanguinare: ci mancava giusto questo per mandarlo in bestia.

«Prendi tu questa vipera. Io me ne lavo le mani.» Zio Gino, salito subito sul vagone, fece giusto in tempo ad afferrare quel corpicino già in preda alle convulsioni. La gente intanto schiamazzava.

«Un paio di *timpuluni*[10] ci vogliono e niente altro. È così che si fa con i bambini capricciosi. Niente di più sano di due *timpulati* al momento giusto.»

Zio Gino, sempre stringendo a sé la bambina, cercò lungo il vagone un posto a sedere. Trovò, vicino alla parete, una specie di panca e si sedette, mentre la piccola tremava in tutto il corpo, continuando a strillare a gola spiegata.

Anche zio Turi, dopo aver tamponato il naso con un fazzoletto, si sedette accanto a loro, bestemmiando come un turco.

«Chiederò i danni a tuo padre, a tua madre... se la dovranno vedere con me. Genitori incapaci, rammolliti... un *fracco* di legnate ci vorrebbe.» Aveva la schiuma alla bocca dalla rabbia e sbraitava a voce alta perché la gente sentisse che non si trattava di sua figlia, ché avrebbe reagito in modo diverso. Zio Gino nel frattempo coccolava la bambina dicendole piano piano all'orecchio di star buona, di non irritare

---

[9]Testa vuota
[10] Schiaffoni

zio Turi, senza contare che la gente stava perdendo la pazienza. Una voce di uomo, dal fondo del vagone urlò:

«Ma fatela smettere. Possibile che non ci sia nessuno capace di assestarle un paio di schiaffoni. Non se ne può più.»

La bambina di colpo si calmò. Solo qualche singhiozzo a intervalli sempre più distanti. Quella voce l'aveva spaventata sul serio. Sapeva che zio Gino era buono ma debole e non avrebbe potuto proteggerla contro zio Turi, tanto meno contro quella gente infuriata. Si guardò intorno e vide quasi solo uomini, alcuni in divisa militare, stracciata, sporca, puzzolente; altri in civile, abiti cascanti, rattoppati, che denunciavano una miseria millenaria. Nell'aria aleggiava qualcosa che sapeva tanto di violenza: quelle persone, esasperate non certo dal suo pianto, dovevano essere così già da tempo. Erano saliti sul treno irritati, pronti a menare le mani appena se ne fosse presentata l'occasione, per sfogarsi, per allentare la tensione. Tutte cose che la bambina percepì con insospettata maturità.

Si acquietò e intanto che si abituava all'oscurità del luogo, cominciò ad osservare con occhio critico quegli uomini neri.

Un pomeriggio d'autunno. Il sole non si era ancora deciso a tramontare. Il vagone prendeva luce da una finestrella a grata fitta e soprattutto dall'apertura centrale. Quando un impiegato delle ferrovie venne per tirare la porta scorrevole ci fu un urlo generale di protesta. La porta rimase aperta, ma questo non migliorò per niente la situazione; restava la semi-oscurità e soprattutto il tanfo di corpi da tempo non lavati, di abiti impregnati di sudori antichi, e l'odore di cucina di osterie a poco prezzo, di vino vomitato, di orinatoi puzzolenti. La bambina fu presa da un vivo senso di nausea, da un malessere diffuso che le ricordava qualcosa di indistinto: conosceva queste miserie o le indovinava soltanto? Già a sei anni poteva contare su una serie di esperienze dovute alla guerra che le avevano insegnato tante cose sugli uomini. Aveva imparato a diffidare di loro, a temerli e a disprezzarli con una forza di certo superiore ai suoi anni. Stranamente aveva preso coscienza del contrasto che esiste fra la forza fisica e quell'altra forza, non spiegabile, ma in ogni caso di qualità superiore a quella brutale, generata solo dal corpo, dai muscoli; lei era piccola e debole, lo sapeva, ma la forza che sentiva dentro di sé era superiore a quella di un gigante, a quella di cento, di mille giganti pieni di muscoli. Di questo era certa: la sua forza andava oltre tutto, oltre il mondo intero; una frase che ripeteva a se stessa, e lei parlava assai poco, era "vi farò vedere".

Non parlava ma pensava tanto, cosa che gli adulti non avrebbero mai sospettato. Quella piccola creatura, magrissima, pallida e quasi muta, pensava senza sosta, anche di notte. Si svegliava e se ne stava silenziosa nel lettino dove dormiva insieme alla sorella maggiore. Non si muoveva per non disturbarla, soprattutto per non provocarla: infatti quello non era il suo lettino. Lì era soltanto un'ospite del tutto indesiderata. Ogni sera la stessa protesta, la stessa lotta per non farla entrare. Era stata messa lì fin dalla nascita, ma solo temporaneamente, aveva detto il padre. Il falegname, cui aveva ordinato un nuovo lettino tutto per lei, non lo aveva mai consegnato. La guerra subentrata subito dopo, i diversi traslochi, i viaggi per sottrarsi ai bombardamenti aerei, tutto aveva congiurato contro di lei, e così a lungo era rimasta in quel lettino, alla mercé dei pugni e dei calci che riceveva dalla sorella se soltanto osava muoversi.

E così pensava, questo non glielo poteva proibire nessuno e non disturbava nessuno. Una macchina pensante. Un serbatoio di riflessioni, considerazioni e critiche durissime che colpivano soprattutto gli adulti. I suoi giudizi molto di rado erano ingiusti. Aveva come un sesto senso per individuare colui che mentiva, che ingannava, che cercava di far del male per averne un vantaggio. Lei, piccola Cassandra senza voce e senza alcuna autorità, osservava impotente la credulità della mamma: si lasciava derubare dalla domestica senza accorgersene, e taceva; senza contare le altre situazioni ambigue che passavano davanti ai suoi occhi acuti: zii, nonna, e altre persone di casa, tutti pronti a intascare i soldi messi sul tavolo per fare la spesa, a portar via oggetti lasciati incustoditi… ingannandosi a vicenda, senza pudore, senza vergogna. Era un piglia-piglia generale, forse causato da quel momento particolare, dalla guerra che ancora infieriva in altre parti dell'Italia, da una situazione di totale squilibrio, di precarietà della sua famiglia.

Dopo qualche tempo il treno si mise in movimento: prima di salire aveva visto in cima al convoglio alcuni vagoni normali, dove sapeva esserci dei posti a sedere in scompartimenti con sedili tappezzati di velluto rosso. Il primo viaggio della sua vita, risalente a poco meno di un anno prima, lo aveva fatto in un vagone simile, dove la mamma l'aveva distesa fra due sedili per farla dormire, fra le proteste dei fratelli che erano invece costretti a star seduti tutta la notte, penzolando da tutte le parti.

Il vagone bestiame, aveva sentenziato la mamma, era per gli animali, non per gli esseri umani: ecco perché adesso aveva protestato con tanta energia. In un carro bestiame non voleva salire a nessun costo. Forse lì c'erano chissà quante bestie, mucche, pecore, cani, tutti esseri che lei temeva e dai quali si teneva sempre alla larga.

Lo sapeva. Era stato zio Turi a decidere così, benché il papà avesse mandato abbastanza soldi per i biglietti. Ma zio Turi aveva deciso di venire anche lui e il denaro non sarebbe bastato per pagare due posti in un vagone di prima classe; senza contare che voleva punirla, umiliarla, avvilirla, metterla insieme a quegli omacci violenti per dimostrarle che lui era il più forte. Ne era sicura. E per questo lo odiava con tutta l'anima. Si sentiva ribollire di rabbia. Il papà e la mamma erano lontani e lui aveva la libertà di fare quello che voleva.

Lo aveva anche detto.

«Io sono libero di fare quello che voglio, non sono così stupido da spendere tanti soldi per un biglietto di prima classe quando possiamo viaggiare per molto meno.» Non aggiunse che il papà non aveva previsto la sua venuta e che mai gli avrebbe pagato il biglietto per un viaggio del tutto inutile. Ecco a che serve la libertà, aveva subito pensato la bambina e le era tornato il ricordo, in realtà non lontano, di quando per la prima volta aveva sentito quella parola.

«Siamo liberi! Finalmente arrivano gli americani... » aveva gridato il papà entusiasta mentre, affacciato alla finestra, assisteva alla sfilata di una quantità di soldati lungo la via Nazionale, a Roma. I ragazzi erano scesi sulla strada, nonostante la proibizione di uscire dalla nuova casa, mentre lei insieme alla sorella che sgomitava per farsi posto guardava dalla finestra senza capire cosa significasse tutta quella storia: per lei un soldato era un soldato e basta, senza distinzioni di nazionalità. Non sapeva neanche cosa fosse la nazionalità e nessuno si era curato di spiegarglielo.

Ora, nel semibuio di quel vagone, vedeva un ammasso di soldati mescolati ad altri uomini dall'aspetto non proprio raccomandabile, e non era tranquilla. Tanti uomini messi insieme, aveva imparato, sono pericolosi.

Già a sei anni, ma anche prima, forse già dalla nascita, era in balia di passioni estreme, assai contrastanti fra di loro. Sentimenti che sconvolgevano il suo fragile equilibrio, la spaventavano, le davano la misura di una se stessa nella quale non era capace di riconoscersi. Il conflitto fra come sarebbe dovuta essere, brava e buona, come sentiva predicare in famiglia e fuori, e quell'altra creatura che risiedeva in lei, critica, diffidente, anzi sospettosa e cattiva, la spaccava in due. Lei poteva passare dall'odio più irriducibile – e spesso veniva sopraffatta da chiari desideri omicidi, come nel caso dello zio Turi che avrebbe voluto uccidere – all'amore più assoluto. No, anche quel sentimento aveva qualcosa di inquietante, di negativo. Anche qui dominava la paura di essere ingannata, delusa, ferita.

Aveva già fatto le sue esperienze.

La fiducia iniziale era stata frustrata proprio dalla mamma, il suo primo amore, colei che aveva amato già prima di nascere. La sua unica fonte di vita. E anche di morte.

Perché sapeva di non essere stata desiderata, anzi qualcuno aveva tentato di eliminarla dal ventre materno. Essere accolta proprio da lei, essere capita: non desiderava altro. La mamma non l'aveva mai capita. L'accusava spesso di non essere buona, generosa con i fratelli; inoltre di non saper ridere, fare il chiasso insieme agli altri bambini, attribuendo il suo mutismo, la sua chiusura a un'imperdonabile superbia, o forse a una sorta di caparbietà del tutto ingiustificata. Forse si trattava solo di una forma di autismo allora sconosciuto che aveva costretto il papà a portarla dal pediatra per accertarsi della sua normalità. Infatti ancora a quattro-cinque anni non parlava.

«È normale, non è affatto stupida», aveva sentenziato il dottore – ma vi darà filo da torcere.» Lei aveva cercato di immaginare che razza di filo avrebbe dovuto torcere o avrebbero dovuto torcere i genitori per colpa sua, perché era presente, aveva sentito tutto, il dottore aveva parlato con estrema chiarezza, ignorando la bambina, quasi non ci fosse stata: gli adulti erano convinti che i bambini non capissero niente. In ogni caso il responso la disorientò provocandole forti sensi di colpa. "È normale, non è affatto stupida". Una frase che non avrebbe mai dimenticato. Non capiva però cosa volesse dire la parola *normale; stupida* in qualche modo lo sapeva già, se lo sentiva ripetere dalla sorella ogni giorno e il fatto di non esserlo la tranquillizzava un poco. Alla prima occasione infatti aveva ribattuto:

«Non sono stupida, lo ha detto il dottore», buscandosi uno schiaffo come risposta. Così aveva rinunciato a protestare.

Per lei amare significava abbandonarsi, affidarsi all'altro, permettersi di essere debole e quindi vulnerabile, perdere il controllo di sé e del mondo che la circondava in un atto di fiducia estrema. L'amore quindi nascondeva un grande pericolo: era sì fonte di vita ma anche di morte, perché senza di esso avrebbe potuto dissolversi, annullarsi in una solitudine senza fine, in uno stadio intermedio fra la vita e un buco nero fatto di nulla. Allora aveva cercato altri strumenti di salvezza: l'odio, il disprezzo per chi era più forte di lei, convinta che con la sola forza dei sentimenti, del desiderio, avrebbe potuto annientare l'altro. Distruggerlo per opera di magia.

Il treno andava e si fermava in continuazione, nessuno capiva perché. Alcuni soldati intanto si erano seduti sul tavolaccio del vagone, e avevano incominciato a giocare a carte, ogni due parole una bestemmia, una oscenità, un turpiloquio che la offendeva, la sporcava. Un fiasco di vino passava di mano in mano e tutti bevevano a lunghe sorsate, cosa che la inquietava ancora di più; lo sapeva: il vino rende gli uomini più violenti, più imprevedibili. Perché lo sapeva? Anche questa un'esperienza dovuta alla guerra?

Quel gioco però non durò molto, per il buio che impediva di vedere le carte, nonostante qualcuno avesse acceso un moccolo di candela, e per le discussioni sempre più sovreccitate che si accendevano fra i giocatori e il resto degli spettatori. Scoppi di voci e una tensione a stento repressa rendevano l'aria irrespirabile.

Zio Gino intanto se la distese sulle ginocchia e le tolse il cappottino leggero, appartenente alla sorella maggiore. A Roma sarebbe stato più necessario. La bambina tentò di protestare, fermamente intenzionata a non separarsi da quell'indumento che ancora portava un odore a lei tanto familiare, ma lo zio riuscì a convincerla: quell'ammasso di gente emanava un calore insopportabile e non voleva che sudasse e poi si ammalasse. Con voce suadente le disse di dormire, la testa appoggiata sul suo petto, le gambe in grembo a zio Turi, che non aveva protestato. Nonostante la stanchezza non riusciva a dormire. Non osava lasciarsi andare e sonnecchiava passando da un sonno leggero a un improvviso risveglio, sempre più stanca e sconvolta.

Infine si addormentò.

Fu svegliata da un urlo, anzi da un insieme di urla di uomini furibondi: si stavano azzuffando. Nonostante il buio, si videro luccicare lame di coltelli; qua e là si accendevano e si spegnevano fiammiferi che illuminavano per secondi una scena di terrore. Zio Gino le mise subito il cappottino sulla testa per impedirle di vedere e di sentire. Non capì quanto durasse quel tafferuglio, ma dopo qualche tempo tornò la calma, anche perché il treno si era fermato in aperta campagna e alcuni di quegli energumeni erano saltati giù dal vagone per continuare, forse, ad accoltellarsi fuori, all'aria fresca. Nel vagone ora regnava il caos più completo: discussioni, litigi, bestemmie, qualche nuovo tentativo di venire alle mani subito sedato da altri, stanchi, insonnoliti, desiderosi di un po' di pace. Qualche voce sconnessa si alzava:

«Basta. Smettetela.»

Albeggiava. La poca luce che entrava dalla porta ancora aperta mostrò una specie di campo di battaglia. La bambina si accorse di aver perso una scarpa e anche il cappottino, che nella grande confusione aveva preso chissà quale via. Il treno si fermò definitivamente, ma non si trattava di una stazione. Le rotaie erano per un buon tratto divelte, si disse, rubate: da chi? Chi ruba rotaie?

Tutti scesero. Poco distante, su un altro binario aspettava un treno. Zio Gino la prese in braccio e attraversò la massicciata che lo separava dall'altro treno. Anche qui un vagone bestiame, ma meno gente e nessuno con la voglia di litigare, dopo quella nottata d'inferno.

Quell'ultimo tratto fu di assai breve durata, ma lei se ne accorse appena. Si era infatti riaddormentata di colpo, come un sasso.

«Svegliati, siamo arrivati» disse zio Gino, scuotendola leggermente. Scesero che era giorno fatto. Lei si vergognava di camminare con una sola scarpa, ma zio Gino faceva tanti scherzi, saltellando con lei quasi giocasse a terra e cielo per incoraggiarla e farla ridere. Ma lei non riusciva a ridere, e neanche a sorridere. Si teneva stretta alla sua mano, angosciata, aspettando solo di incontrare il papà, come le era stato promesso, per comprare subito un paio di scarpe. E poi tremava per il freddo: di mattina presto l'aria era decisamente fresca. Napoli non era come in Sicilia e lo notò subito. I primi raggi di sole illuminavano un paesaggio desolato. Non capì se quella era una stazione o qualcosa d'altro; in ogni caso era un luogo assai squallido, pieno di gente misera, infreddolita, disperata forse come lei: qui si sentiva ancora la guerra passata da poco.

Il papà li vide venire già da lontano e si avvicinò, il giornale in mano, gli occhi carichi di ironia per quel fratello venuto senza preavviso, incapace di fare un viaggio da cristiani. Gettò un breve sguardo interrogativo sulla bambina, stralunata, mezzo scalza, spettinata: sembrava reduce da un campo di battaglia.

«Ma come? Neanche le scarpe ha? E perché in un carro bestiame... scervellati, una bambina in un carro bestiame! Ma siete pazzi?»

Zio Turi si arrabbiò. Non c'erano posti liberi e poi lui non era il servitore di nessuno e neanche una bambinaia. Il papà la prese per mano e senza neanche darle un bacio, una carezza, la trascinò nel primo negozio di scarpe, scontento per il tempo che tutto questo gli sarebbe costato.

Soltanto dopo che ebbe trovato le scarpe giuste, e dopo lunghe trattative sul prezzo, si accorse che i calzini, in origine bianchi, erano così sporchi che c'era da vergognarsi. Il padrone del negozio si rifiutò di farle provare le scarpe, anzi le rimise subito nella scatola, bestemmiando per il tempo perso. Questo significò cercare anche un negozio di calze. Il padre brontolava: se ne stava andando una mattinata, e tutto per colpa di due fratelli deficienti. La bambina si sentiva estremamente colpevole. Aveva una gran voglia di piangere, ma si trattenne. Sapeva che il papà si sarebbe subito irritato: conosceva i suoi sguardi pieni di rimprovero. Così inghiottì tutto e aspettò insieme a zio Gino il ritorno del padre con le calze nuove. Infine infilò le scarpe senza protestare, benché le facessero un gran male. Senza contare che erano bruttissime. E poi erano troppo piccole, ma il papà aveva già perduto quel resto di pazienza di cui ancora disponeva. Lei non avrebbe aperto bocca neanche in caso di morte. Conosceva l'accusa che l'aspettava: un nuovo capriccio e basta.

Finita l'operazione delle calze e delle scarpe, le chiese se aveva fame. I due zii intervennero subito: avevano cercato di farle mangiare un panino portato da casa, ma lei niente, non aveva voluto niente.

Il papà entrò in una latteria, ma la bambina, già in preda alla nausea, si rifiutò di prendere il bicchiere di latte in mano. Il padre aveva dimenticato che fin dalla nascita il suo stomaco non sopportava nessun prodotto a base di latte. Si innervosì. Ecco una bambina verso la quale non riusciva a provare nessun sentimento paterno, troppo diversa dagli altri suoi figli, troppo delicata, sensibile. Ma anche questo non sentire affetto per lei lo disturbava, gli provocava un vago malessere. Lei era una denuncia vivente: non sapeva essere un buon padre.

Senza contare quegli occhi chiari, trasparenti, di un'innocenza accusatrice, capaci di mettere a disagio chiunque avesse voluto leggervi dentro. E meno male che non osava mai guardarlo in faccia. Assai di rado infatti incontrava quello sguardo e le rare volte in cui questo accadeva si sentiva scoperto, messo a nudo in tutta la sua umanità ambigua. Già deteriorato dalla vita.

La portò in una pasticceria. I fratelli dietro, anche loro indignati.

«Una bambina così io la rimanderei al mittente.» Dichiarò zio Turi. La bambina non capì cosa fosse il mittente, ma le bastò la parola "rimanderei" per spaventarsi. Magari pensava di rimandarla dalla nonna e rifare quel terribile viaggio sul vagone bestiame. Il papà ignorò i commenti del fratello e davanti alla vetrina dei dolci le disse di scegliere qualcosa.

«Un babà» riuscì a pronunciare con un filo di voce. Zio Turi sghignazzò divertito.

«Col rum, vero? Il latte no e l'alcool sì... chi l'avrebbe detto... a questa età!» La bambina non sapeva cosa fosse il rum e l'alcol serviva per disinfettare le ferite, ma capì di aver detto qualcosa di sconveniente e arrossì. Il papà strizzò l'occhio al barista che subito capì di non mettere rum.

Perché aveva chiesto proprio un babà? La domenica, prima della guerra, il papà portava i figli al giardino Bellini e poi passava da Caviezl dove ognuno di loro poteva prendere un pasticcino; il papà mangiava sempre un babà, mentre per lei sceglieva la mamma. Nessuno mai le aveva chiesto cosa preferisse. Questa era la prima volta e ne volle approfittare, col risultato di sentirsi colpevole; magari pretendeva qualcosa destinata agli adulti, solo agli adulti, per via di quel misterioso rum. Mangiò il babà e trovò che era molto buono. Il padre la osservava divertito. Sorrise, perfino. Capì il motivo di quella scelta?

Poi la portò nel suo albergo perché si riposasse, magari dormisse un poco e la lasciò sola con zio Gino.

In realtà era troppo eccitata per dormire, ma appena toccò il letto, morbido e pulito, senza neanche sapere come le accadeva, cadde in un sonno profondo.

Si svegliò. Era sola. Zio Gino, forse annoiato di fare la bambinaia, era andato via.

Scalza e col vestitino ancora addosso, si avvicinò alla finestra e guardò fuori. Un gran via vai di gente, carri carichi di merce, qualche automobile, qualche jeep, perfino una carrozza con un cavallo. I suoi pensieri, incapaci di concentrarsi su qualcosa di particolare, si persero dietro alle persone che andavano per strada. Poi pensò alla sorella rimasta con la nonna, ai fratelli, alla sua bambolina che zio Turi non le aveva permesso di portare per chissà quale motivo, tanto, aveva detto, la mamma gliene avrebbe comprata una più bella. Aveva buttato la sua piccola bambola di pezza, che lei amava teneramente, in un angolo, con disprezzo, perché, aveva detto, era molto brutta e disastrata. Anche lei reduce dalla guerra. Ma la bambina l'amava come una sua creatura, una parte di sé. Ora ne sentiva nostalgia e le vennero le lacrime agli occhi, lacrime di dolore, di tristezza. Si sentì abbandonata in una stanza d'albergo, sconosciuta, estranea anche a se stessa. L'unico oggetto che riconosceva, oltre al proprio vestitino, era la valigia di papà e la sua camicia, su una sedia. L'aveva annusata toccandola leggermente con le dita. Aveva ancora il suo odore. Non la spostò, perché magari lui poi se ne sarebbe accorto e chissà come l'avrebbe sgridata. Ma anche questo non era vero. Il papà non la sgridava mai. Con lei non alzava neanche la voce: bastava solo uno sguardo perché lei sentisse di perdere persino il peso del proprio corpo.

Poi pensò di essere stata dimenticata lì, in quella città straniera. Sapeva che si chiamava Napoli, ma a che serviva? Forse nessuno sarebbe venuto a prenderla, forse non ritrovavano l'albergo. Oppure non la cercavano neanche, ma peggio ancora, nessuno voleva più riprenderla perché era cattiva, faceva sempre capricci. Ora l'angoscia raggiunse il suo limite massimo. Cominciò a immaginare l'albergatore che la cacciava via, sulla strada, e lei disperata, sperduta, vagare senza meta come a volte le capitava di sognare. Un sogno ricorrente. Così quando la porta si aprì ed entrò zio Gino, scoppiò in un pianto dirotto.

«Perché piangi? Pensavi che non venissi più, sciocchina? Sono andato a prendere un pacchetto di sigarette... non potevo stare tutto il tempo qui senza fumare.» Richiuse la porta dietro di sé facendo al solito smorfie buffe per farla ridere, mentre si accendeva una sigaretta; lui era un fumatore accanito. Per una sigaretta avrebbe dato qualsiasi cosa. Raccontava che da soldato era capace di fumare anche la carta arrotolata del giornale con una presa di tabacco, resto di una cicca trovata da qualche parte. Due dita della mano destra, l'indice e il medio, erano gialle di nicotina e in qualche modo incallite. La bambina capì che zio Gino senza sigarette non avrebbe potuto resistere un momento e gli perdonò di averla lasciata sola.

Intanto l'aiutò a infilarsi le scarpe nuove.

«Ma come? Ci entri appena... sono troppo piccole... perché non hai detto niente? E tuo padre non se n'è accorto!» La bambina taceva. Come spiegare che tutta quella storia delle scarpe la riempiva di vergogna? Che avrebbe sopportato qualsiasi male pur di non tornare su quel tema?

Giù, nella reception dell'albergo, videro il papà, occupato a discutere con un signore sconosciuto. Lei aspettò da una parte insieme a zio Gino. Infine, quando fu solo, si avvicinarono.

«Ah. Eccovi qui. Avete dormito bene?» La bambina teneva la testa bassa e cercava di nascondersi dietro la schiena dello zio: non sapeva lei stessa perché, ma era estremamente imbarazzata. In quel momento si vergognava perfino di essere al mondo. Tutto le era scomodo, le scarpe, il vestituccio gualcito che indossava dal giorno precedente durante quel viaggio da incubo; i capelli che da due giorni non avevano visto il pettine; il viso e le mani appiccicose, non lavate. Era infelice e basta. Avrebbe voluto sparire, solo sparire.

«Ho trovato un posto su un camion che parte fra poco per Roma. Un posto solo, per cui vai tu e la bambina.»

Zio Gino non chiedeva altro. Uscirono. Le strade erano quasi buie, qualche lampione qua e là, miracolosamente salvato dai bombardamenti. Ma più che i lampioni, erano le lampade ad acetilene delle bancarelle che illuminavano in qualche modo le strade. Una massa di gente, un vocio continuo di venditori, di persone che discutevano ad alta voce, e in mezzo soldati stranieri, ragazzini, uomini, donne; un mondo in movimento che la spaventò più della solitudine nella stanza dell'albergo. Si strinse alla mano di zio Gino e andarono in quella confusione, facendosi strada a spinte, perdendosi e ritrovandosi col papà che andava piuttosto in fretta, lei sempre stretta alla mano dello zio, angosciata dalla paura di smarrire il papà, lo zio, se stessa.

Per fortuna non dovettero andare lontano. Il papà lungo il cammino aveva provveduto a comprare anche qualcosa da mangiare, e dopo un breve saluto al fratello, la prese in una sorta di abbraccio timido per depositarla accanto all'autista, nella cabina di un camion che sembrava essere sul punto di partire. Prima di lasciar passare lo zio e chiudere lo sportello, la guardò un'ultima volta, in qualche modo preoccupato, preso da un inspiegabile senso di colpa. Non sapeva mai come comportarsi con quella bambina. Il camion partì.

Faceva fatica a tenersi seduta. Ogni volta che il camion frenava si sentiva sbalzare in avanti: zio Gino si accorse subito del suo disagio e la coprì col proprio corpo, per non farla cadere, ma lei non poteva respirare e non vedeva niente. Questo durò finché non uscirono dalla città. Finalmente, finito il traffico cittadino, l'autista prese un'andatura più sostenuta e soprattutto non fu necessario frenare a ogni piccolo ostacolo.

Ora il buio era pesto. Attraverso i fari del camion intravedeva le strisce bianche dei tanti alberi che costeggiavano la strada. Sembravano giganti fasciati di bianco. Spuntavano dal buio della notte. Una lunga fila di giganti, dei quali non si vedeva la testa, ma si indovinavano le lunghe braccia. Lo zio si spostò un pochino per darle un panino col prosciutto, uno lo passò all'autista, che lo prese con piacere e in due bocconi lo divorò. La bambina non aveva neanche cominciato a mangiare e già passava davanti al suo naso il secondo panino per l'autista.

«Perché non mangi? Possibile che non abbia fame? oggi hai mangiato solo un babà... questa bambina ha lo stomaco di un uccellino» commentò, parlando con l'autista del tutto disinteressato allo stomaco di quella bambina, intanto che lui stesso masticava con visibile piacere un panino dietro l'altro. Anche questa una specialità di zio Gino: poteva mangiare una quantità inverosimile di roba ed era sempre affamato. Lui diceva che si trattava di fame arretrata, *fami attrassata.*

In tutto e per tutto, un viaggio abbastanza tranquillo, nonostante che dopo qualche tempo fossero costretti a fermarsi sull'orlo della strada per un guasto al motore. La bambina non si preoccupò, anche perché l'autista sembrava essere nel suo elemento. Il silenzio, il senso di pace di quell'ora notturna la calmò del tutto. Si addormentò di colpo, mezzo panino in mano, appoggiando la testa sul braccio dello zio. Non si accorse neanche quando il camion ripartì.

Fu svegliata solo dai colpetti discreti e dalla voce allegra di zio Gino.

«Sveglia. Siamo arrivati. Su su, alzati, ché il camion deve ripartire.»

Tutta insonnolita si ritrovò davanti al portone di casa mentre lo zio premeva con insistenza il campanello per svegliare la cognata. La bambina non aveva mai visto quella strada di notte e tutto le sembrò estraneo. Neanche l'androne dell'ingresso, fiocamente illuminato da un gran lampadario di ferro battuto che pendeva polveroso dal soffitto, aveva mai visto. In realtà non era mai uscita di sera. Si fece coraggio e corse sulla prima rampa delle scale. Prese la seconda già non molto convinta e si fermò sul primo gradino: sul pianerottolo, davanti alla porta aperta, aspettava una signora sconosciuta, una lunga vestaglia rosa, i capelli arricciati, corti. Chi era quella donna? Un pensiero la fulminò, avevano sbagliato casa. Quella non era la sua mamma! La donna sconosciuta scese di corsa gli ultimi gradini e la sollevò sulle braccia stringendola al petto.

«Ma come? Non mi conosci? Non conosci la tua mamma?»

Scene di un'infanzia quasi felice

La bambina girava per la casa, per l'immensa casa, in attesa che accadesse qualcosa; sola, dato che la mattina i fratelli andavano a scuola; persa, in un mondo di silenzi e di ombre proiettati dalle tende scure che coprivano le tante porte e finestre: forme e fruscii che vedeva, sentiva solo lei. Lidia era il suo nome, abbastanza originale per il luogo dove era nata, dove i nomi più comuni erano Concetta, Carmela, Giuseppa e naturalmente Maria. No, per lei il padre aveva scelto un nome fuori dall'ordinario, che lei stessa non riusciva a pronunciare. Diceva infatti Lida. E forse suonava meglio, tanto che ormai tutti la chiamavano così. Lida.

Dopo la tempesta dei fratelli che scendevano le scale di casa prendendo gli scalini a quattro a quattro, con salti e spinte, la cartella e la merenda in mano, cui seguiva la corsa in strada per acciuffare il tram che aveva la fermata all'angolo, appena oltre il portone di casa, tornava la calma; ogni mattina la stessa storia. Il conducente sembrava aspettare l'assalto finale di quei ragazzi scalmanati e di certo si divertiva a vederli correre senza fiato intanto che si spingevano per essere i primi a salire sul tram, infilandosi fra i passeggeri che già protestavano per la lunga sosta. Soltanto quando si era assicurato che nessuno era rimasto sul marciapiede, suonava il campanello e si metteva lentamente in moto. Lida intanto era corsa al balcone col fiato sospeso: sarebbero arrivati in tempo? Ogni mattina quell'agitazione, quella stretta al petto, all'altezza del cuore e infine il sollievo quando finalmente vedeva il marciapiede vuoto. Il tram aveva inghiottito tutti i suoi fratelli.

Dopo aver osservato per qualche tempo la strada quasi deserta, rientrava e cominciava l'attesa vera e propria: sapeva che di lì a poco sarebbe arrivato qualcuno, un uomo che in qualche modo temeva. Ma questo sentimento non era chiaro, vi si mescolava infatti qualcosa d'altro, di inspiegabile. Quell'uomo, in realtà il barbiere, esercitava su di lei un fascino irresistibile.

Anche lui aspettava quella deliziosa bambinetta piena di riccioli biondi. Ogni giorno non mancava all'appuntamento. Appostata accanto all'uscio appena socchiuso, si mostrava solo in parte e, quasi giocasse a nascondino, si ritraeva subito vergognosa se soltanto incontrava i suoi occhi divertiti. Lida, magicamente attratta da quanto accadeva nella stanza, non si perdeva mai quella scena, nonostante una sorta di ansia le togliesse il respiro. Conosceva a memoria tutta la cerimonia che presto si sarebbe svolta davanti ai suoi occhi e con i suoi quattro anni aveva già imparato una cosa molto importante: in fondo poteva fidarsi di quell'uomo, al contrario di tutti gli altri uomini che aveva incontrato nella sua breve vita. Primo fra tutti il padre, sempre impaziente e facilmente irritabile, cui seguivano gli zii, che sembrava tenessero in serbo qualche freccia avvelenata nei suoi confronti. Secondo loro, la bambina non osava alzare gli occhi e guardarli in faccia per via di certe sue colpe innominabili e misteriose, delle quali lei non era cosciente. Ma non era troppo presto per essere cosciente di qualcosa? E di quali colpe inconfessabili poteva essersi macchiata? Lida si specchiava solo negli occhi degli adulti e qui non vedeva nessuna chiarezza: gli occhi degli uomini già da tempo avevano perso ogni trasparenza. Gli altri, l'uomo del ghiaccio, lo zampognaro, il fruttivendolo o gli ubriachi che passavano per strada a una certa ora della sera, urlanti con voce rauca tanto da provocarle terribili incubi, quegli uomini erano tutt'altro che rassicuranti, anzi la riempivano di terrore. E i loro occhi erano foschi di chissà quali scelleratezze; colpevoli di chissà quali misteriosi crimini che lei non riusciva neanche a immaginare.

Il barbiere, al contrario, era un tipo allegro e bonario, e i suoi occhi avevano soltanto una sorta di malizia ridanciana, per niente pericolosa.

Una volta la mamma le aveva fatto indossare i pantaloncini smessi di uno dei fratelli: lui se ne accorse subito e scherzando le chiese se era diventata un maschietto. Lida arrossì di vergogna e scappò via a nascondersi, senza capire niente, con una gran voglia di piangere e basta. Per quel giorno dovette rinunciare alla cerimonia della rasatura alla quale teneva molto, ma non osò mostrarsi, nonostante gli incoraggiamenti della mamma. Soltanto quando riuscì a togliersi quei maledetti pantaloncini e sostituirli con il solito vestitino tornò a girare libera per la casa, ma il barbiere era andato via e il papà era già bello e rasato.

Di tutta la cerimonia la cosa che più la incantava era il momento in cui lui prendeva dalla sua borsa una piccola bacinella smaltata, bianca con un bordo blu, e col pennello vi montava la schiuma con la quale poi avrebbe insaponato la faccia del papà. Lei adorava quella bacinella, avrebbe dato chissà cosa per averla, anche perché era convinta che si trattasse di un giocattolo, cioè di un oggetto per bambini che il barbiere usava per modo di dire "arbitrariamente" per i grandi; qualche tempo dopo, quando sentì dire che per via della guerra dovevano sfollare, il barbiere, finito il suo lavoro, le regalò quella preziosa bacinella: come ricordo, disse. Aveva letto negli occhi della bambina il suo desiderio, o pensava anche lui che in fondo si trattava di un giocattolo?

L'incantamento però mutava in angoscia quando alla insaponatura seguiva la ricerca, sempre nella borsa misteriosa, del rasoio e della cote. Subito aveva inizio la grande operazione di affilatura della lama, intanto che, nonostante la sua bonarietà, la fissava sorridendo maliziosamente. Ormai lui sapeva che a questo punto la bambina sarebbe scappata via: aveva commesso un errore del quale forse non era cosciente. Una volta, proprio mentre affilava il rasoio, le aveva detto che se non faceva la brava le avrebbe tagliato il naso. Uno scherzo grossolano, pesante, che l'aveva ferita: vi percepì infatti la violenza che spesso si nasconde dietro uno scherzo apparentemente innocente; senza contare che lei non sapeva distinguere uno scherzo da una vera minaccia. Nonostante i suoi pochi anni aveva inteso il messaggio aggressivo, o meglio, il desiderio inconscio di violenza che si annida in ogni essere umano?

Fu così che anche il barbiere, nonostante la sua bonarietà, si giocò, con uno scherzo fuori posto, la fiducia della bambina.

Un giorno finalmente trovò il coraggio di chiedere alla mamma se anche lei aveva bisogno qualche volta del barbiere, se infine lei pure doveva essere rasata. La madre si mise a ridere e la rassicurò: una donna non ha queste necessità. Questa fu la prima volta in cui prese coscienza, in modo positivo, che il non essere maschietto aveva i suoi vantaggi! In realtà non invidiava i fratelli per il solo fatto di essere maschi. I maschi per lei erano esseri pericolosi, spesso violenti, in possesso di una grande forza fisica e perciò di un potere illimitato. Inoltre avevano una particolare predilezione per le zuffe, per i corpo a corpo all'ultimo sangue (mai corse del sangue, eccettuata qualche goccia dal naso, ma per lei il pericolo era sempre presente), per le spinte, i calci e tutte le altre forme di aggressività, a lei del tutto sconosciute. Li temeva, questo era chiaro, e non avrebbe mai voluto essere come loro.

Il ritorno dei fratelli dalla scuola era sempre molto turbolento: avevano fame, erano carichi di un'aggressività repressa, si picchiavano per un nonnulla e finché non sedevano a tavola non c'era pace. Annessa alla cucina c'era una stanza da pranzo con un grande tavolo rotondo di marmo dove la famiglia consumava i pasti giornalieri. Durante le feste, ma anche la domenica, si spostavano nella stanza da pranzo buona, con tovaglia e tovaglioli, dove tutto veniva servito con particolare cura. Lì non c'era posto per gomitate, calci sotto il tavolo; lì non erano possibili i piccoli furti dal piatto di qualcuno di loro intanto che l'altro lo distraeva, e di solito si trattava del piatto di Lida, che li fissava a bocca aperta, piena di stupore, come invece accadeva nella stanza vicina alla cucina durante tutta la settimana. A lei non interessava molto mangiare, preferiva osservare i fratelli e i loro giochi maneschi: ne era affascinata e nello stesso tempo sconvolta. Soltanto il padre riusciva a tenerli a freno, ma bastava che si assentasse per qualche giorno, perché la madre perdesse il controllo su tutta la situazione. Lida era attentissima ai loro maneggi sopra e sotto la tavola, con piedi sempre in movimento; mani che giocherellavano con la mollica del pane per formare piccoli proiettili che inaspettatamente partivano per colpire chi stava seduto di fronte; ginocchiate che si scambiavano senza battere ciglio. I pranzi per la bambina erano sempre molto eccitanti. Soltanto nella stanza da pranzo buona c'era calma. Lì veniva a mancare soprattutto la voglia di raccontare tutti insieme cosa era accaduto a scuola: in una parola il sale che condiva la loro minestra giornaliera.

Nella stanza da pranzo annessa alla cucina si trovava anche un mobile straordinario, una ghiacciaia di legno, con tante porticine, – forse erano soltanto tre, ma Lida non sapeva contare – dove d'estate veniva conservata la roba da tenere al fresco. Ogni mattina passava l'uomo del ghiaccio. Costui aveva un carro completamente coperto di legno, come una grande ghiacciaia, al quale era attaccato un cavallo e non un asino come tutti gli altri carretti per frutta e verdura. Evidentemente il carro del ghiaccio era molto pesante e un asino non avrebbe potuto tirarlo, aveva riflettuto la bambina che lo aspettava ogni giorno al balcone, appena usciva il barbiere. L'uomo, un tipo forzuto, di piccola statura, tutto nero di peli, con un grande uncino di ferro estraeva un blocco di ghiaccio, lo metteva sulla spalla, dove teneva sempre un sacco ripiegato, e veniva su a portarlo. Lida osservava tutta la scena dal balcone della cucina, poi correva dentro per assistere all'apertura di una favolosa porticina, in fondo alla ghiacciaia, dove veniva infilato il ghiaccio. Quella porticina era la sua grande passione, ma a lei era stato categoricamente proibito di aprirla, per motivi non chiari, mentre a quell'uomo era permesso farlo: la bimba ogni giorno si piantava il più vicino possibile accanto alla porticina e non si perdeva un solo gesto di tutto quel rituale, anche qui affascinata dal mistero della porticina magica e dal potere di quell'omaccio, che invece ne disponeva a suo piacimento.

I due ragazzi più grandi, e cioè Franco di sedici e Arturo di quindici anni, facevano a gara per piacere a lei, alla piccola principessa, sicuramente per compiacere la madre che la prediligeva. Ma Lida avevo occhi solo per Arturo, un ragazzo di solito scontroso, chiuso, poco socievole che però si scatenava in casa. Lei era attratta dalle cose che faceva lui, dagli scherzi, i giochi, la sua creatività, il suo essere particolarmente discolo e disattento a scuola con relative ramanzine del padre. E poi riusciva sempre ad attirarsi i castighi che secondo la bambina gli altri due fratelli avrebbero più meritato. Lida notava con sorpresa la cecità del padre che spesso non si accorgeva come Arturo, più sincero e ingenuo degli altri due, si lasciasse cogliere sul fatto, senza neanche protestare. Lui accettava le ingiustizie senza lamentarsi, rassegnato, mentre la sorellina avrebbe voluto proteggerlo da se stesso. Ma era troppo piccola per poter intervenire: osservava ogni volta con apprensione lo svolgersi degli avvenimenti, ne prevedeva spesso le conseguenze, e soffriva nel vedere tanta ingiustizia.

A volte avrebbe voluto avvertirlo di non fare certe cose, per esempio rubare le formine di cotognata che la mamma preparava e accuratamente nascondeva, riservandole per le grandi occasioni: Lida vedeva come Arturo un giorno dopo l'altro andasse a caccia della cotognata, seguito da Teo, minore di lui di qualche anno. Sentiva anche i loro discorsi e il ricatto del fratello, che a sua volta voleva la sua parte, altrimenti lo avrebbe denunziato. Alla fine, quando la mamma voleva presentare quelle deliziose formine agli ospiti non ne trovava neanche una. Lida sapeva chi le aveva prese e anche chi le aveva mangiate, ma non parlava, tanto nessuno l'avrebbe ascoltata. Senza contare che sarebbe stato molto difficile farsi capire. Soffriva però intensamente, perché conosceva la conclusione di quella storia: una brutta conclusione in cui volavano gli schiaffi del padre e le urla della madre, mentre Teo vigliaccamente si limitava a piagnucolare che Arturo lo aveva corrotto soltanto per farlo tacere. Così le feste si concludevano a volte in vere tragedie e lei restava sempre lì, con una grande confusione in testa.

Arturo sapeva organizzare una specie di teatro dove si produceva come grande stregone e giocatore di prestigio. Accanto alla casa c'era un piccolo cortile dove allestiva un palcoscenico, con sipario (una coperta appesa a una corda) e delle panche per il pubblico. Bisognava pagare il biglietto d'ingresso. Alla bambina naturalmente era permesso entrare gratis, ma c'era un motivo che lei non conosceva. Da tutte le parti arrivavano frotte di ragazzini pronti a spendere qualche soldo pur di avere finalmente un po' di divertimento. Si sedevano vocianti, irrequieti, appena tenuti a freno dagli altri due fratelli, intanto che volavano per aria gli oggetti più impensabili: pezzi di pane, bucce di arance, a volte anche scarpe, fra un pubblico quanto mai indisciplinato. Lida arrivava sempre per ultima insieme alla mamma, dato che da sola non avrebbe mai avuto il coraggio di entrare in quella bolgia. Di tutti gli spettacoli, il momento più entusiasmante era quando Arturo faceva sparire un oggetto e poi dichiarava che si trovava nella tasca di uno spettatore. Tutti si mettevano febbrilmente a cercare, perché quell'oggetto, una caramella, sarebbe poi appartenuta al fortunato che l'avesse trovata. Manco a dirlo, quel fortunato era sempre Lida. La sua sorpresa era così autentica che tutti i ragazzini mormoravano, si giravano a guardare la piccola e molti, non sapendo che era la sorella del mago, non capivano come fosse possibile un tale miracolo. Il trucco, ben escogitato da Arturo, era stato preparato in precedenza in casa, all'insaputa della bambina. La mamma, che in realtà si divertiva forse più degli altri, all'ultimo momento cambiava il vestitino a Lida, dopo averle messo una caramella nella tasca, secondo gli accordi. Questo accadeva nei mesi d'estate, quando non andavano a villeggiare sulla Montagna, e cioè a Zafferana Etnea, dove il padre affittava un casolare, in mezzo alla campagna, e i ragazzi potevano scorrazzare a loro piacimento.

D'inverno invece Arturo preferiva celebrare Messa. Aprendo gli sportelli della credenza della stanza da pranzo buona e svuotandola della biancheria da tavola che normalmente conteneva, metteva su, con l'aiuto di statuine di santi, fiori, pizzi e candele un vero e proprio altare. È facile immaginare quanto la madre ne fosse entusiasta, ma di solito organizzava questi giochi quando lei era fuori casa, magari in visita da qualche parente. Poco prima del suo rientro Arturo si affrettava a rimettere tutto in ordine, ma non sempre faceva in tempo e allora arrivava qualche scappellotto dal padre e una sgridata dalla madre.

Arturo era naturalmente il prete officiante, Teo il sagrestano e Lida, un fazzoletto in testa, la vecchina che ascoltava Messa. Uno spettacolo assai singolare in una famiglia che non frequentava la chiesa, ma forse i ragazzi avevano assistito effettivamente a una Messa, magari portati dalla scuola, e ne erano rimasti così impressionati da volerla ripetere in casa, per gioco. In fondo non sapevano che dire, non conoscendo il rito. In realtà Arturo si limitava a borbottare parole incomprensibili alzando le braccia al cielo in modo ieratico, mentre gli altri due scoppiavano dalle risate. Solo Lida restava seria, perché le era stato imposto di fare la vecchina e lei sapeva che le vecchine non ridono mai. Senza contare che di tutta quella cerimonia non capiva niente, ma le piaceva partecipare ai preparativi, vedere come venivano accese le candeline e tutto il resto: un pomeriggio indimenticabile e dopo la prima volta, appena la mamma annunciava che doveva uscire per qualche visita, chiedeva sempre ad Arturo:

«Facciamo la Messa con la vecchina?»

Il fratello più vicino a Lida, Teo di dieci anni, era invece il suo nemico numero uno. Il motivo era chiaro. Senza volerlo lo aveva spodestato dalla sua posizione privilegiata di ultimo nato, posizione tenuta per anni, della quale però aveva solo in parte goduto: c'era infatti un particolare che gli bruciava. La madre che desiderava ardentemente una femminuccia, alla nascita del terzo maschio, delusa, aveva continuato a vestirlo con lunghe camiciole e poi vestitini decisamente da bambina, fino a quando era nata Lida. Soltanto allora, anche se a malincuore, si vide costretta a fargli tagliare i lunghi riccioli neri che incorniciavano il suo visetto di bambino innocente e a vestirlo da maschietto. I due fratelli maggiori si prendevano gioco di lui, lo insultavano, lo sbeffeggiavano e pur non avendo capito il vero motivo di quelle offese, aveva finito col soffrirne, pur godendo di una quantità di privilegi che loro non avevano. La nascita di Lida cambiò radicalmente la situazione in famiglia; si ristabilirono certi equilibri naturali, in quanto i due ragazzi più grandi accettarono Teo come loro pari, permettendogli di passare definitivamente nella categoria dei maschi indesiderati, mentre alla bambina furono riservate tutte le attenzioni e la tenerezza della mamma. Strana reazione di ambedue i genitori, dovuta forse al fatto che nella loro famiglia di origine erano stati circondati solo da maschi.

Lida godette dell'amore e della predilezione dei genitori, pagando spesso duramente con lotte sotterranee che era costretta a sostenere contro il risentimento di Teo: nonostante la tenera età, assai presto si vide confrontata col disprezzo, le offese, le ripicche del fratello. Giorno per giorno, praticamente dalla nascita, lui l'accusava di essere brutta, stupida e cattiva, di non essere altro che una femminuccia, cioè un essere inferiore, e se stavano in una stanza da soli trovava sempre una scusa per picchiarla selvaggiamente, finché interveniva la madre. Lida anche se non ne era cosciente, assorbiva il disprezzo, l'odio che il ragazzino le infiltrava come un veleno e non sapeva come reagire. Il gioco di Teo non era mai aperto, i suoi brutti scherzi erano sempre tali da non venire scoperti dagli adulti e nel caso contrario riusciva a coinvolgere Arturo che finiva sempre col pagarne le spese. Lida lo sapeva ma non osava denunciare il fratello colpevole, perché ormai aveva sperimentato che alla fine ci avrebbe rimesso di nuovo lei. La vendetta sarebbe arrivata in ogni caso e lei avrebbe perso ancora una volta. Un giro vizioso dal quale non sapeva come uscire, anche per la sua incapacità di argomentare verbalmente.

Arturo in parte si accorgeva di quei conflitti, preferiva però starsene alla larga. Li considerava piccole rivalità di bambini, di nessuna importanza e in ogni caso indegni di un ragazzo della sua età; consolava però la sorellina giocando con lei nei modi più disparati; mettendola su una coperta per poi tirarla lungo il corridoio, come su una slitta; oppure la sollevava sulle sue spalle, a cavalcioni, e correva per tutta la casa, nitrendo come un cavallo, tutti giochi che non aveva mai fatto con Teo quando era piccolo. Inoltre le raccontava storie favolose, per esempio quella di Pelle d'asino o di Pollicino e le portava piccoli regali, figurine o libri di fiabe con bellissime illustrazioni che Lida non si stancava di guardare, sognando di incontrare una fatina o uno gnomo: lui, divertito, la incoraggiava a credere in quelle storie.

A Natale tutta la parete della stanza da pranzo giornaliera, fra il balcone e la porta d'ingresso, era occupata dal Presepe. Dei tre fratelli, Arturo era il più attivo e il più dotato, ma anche il più forte. Cominciava portando dalla cantina dei supporti di ferro, usati in altri tempi per sostenere le tavole dei letti prima che fossero sostituite dalle reti di metallo, più comode, sui quali appoggiava delle lunghe tavole. Sopra vi drappeggiava con arte un telo verde scuro per imitare la campagna. Sotto questo telo, a seconda delle necessità, metteva opportunamente sassi grandi per imitare montagne, o piccoli per le colline, cui seguivano sentieri, alberi, case, capanne e, bene in mezzo, la stalla con la cometa sopra. Non mancavano mai un lago (un pezzo di specchio), i pastori, le pecore e altri animali, costruendo un paesaggio di fantasia che incantava soprattutto la bambina.

Un lavoro che lo occupava e lo appassionava per settimane: appena dopo pranzo, mentre gli altri due si mettevano subito a studiare, lui era affaccendato solo col suo presepe. Cominciava a lavorare già in novembre, rimandando sempre i compiti di scuola, con molto disappunto del padre.

Arturo faceva tutto da solo, dato che gli altri due fratelli secondo lui non erano in grado di piantare un chiodo, e inoltre mancavano di sensibilità artistica: forse li scoraggiava, perché lui stesso si divertiva troppo e non voleva dividere quel piacere con nessuno. Non comprava quasi niente, costruiva tutto con le sue mani: le casette, con rametti che raccoglieva un po' dappertutto; le figurine che modellava con la creta che andava a cercare in certi posti segreti dove andava da solo. Il colore per colorare le statuette dopo averle cotte nel forno della mamma era forse l'unico ingrediente che era costretto a comprare. In realtà aveva un vero talento per le arti figurative, tanto che i suoi quaderni erano sempre decorati da disegni che evidentemente faceva al posto dei compiti, quando dava a intendere di mettersi a studiare.

La bambina lo ammirava incondizionatamente.

In dicembre, dal balcone della cucina, Lida, appena il presepe era quasi finito, cominciava ad aspettare l'arrivo di certi personaggi misteriosi, gli zampognari, in realtà pastori che venivano in città una volta alla settimana per guadagnare qualche soldo. Sempre più inquieta, spiava la strada, lunghissima, per lei senza fine, che si perdeva in luoghi sconosciuti, finché li vedeva venire. Certo, si trattava degli uomini più pericolosi di tutta la sua infanzia: Arturo infatti le aveva raccontato che il suono della zampogna in realtà era il pianto dei bimbi rinchiusi nel sacco. Se non stava attenta, quell'omaccio avrebbe preso anche lei, dato che preferiva soltanto bambini piccoli. Chiaro che appena risuonava dal fondo della strada il suono della zampogna Lida corresse a nascondersi nell'angolo più buio e riparato della casa, dove nessuno avrebbe potuto trovarla. Il posto migliore però era sempre il mezzanino che il padre aveva fatto costruire appunto sopra la stanza da pranzo di tutti i giorni: i soffitti di quella casa erano molto alti. Qui dormivano i tre fratelli. Per dare luce e aria era stata lasciata un'apertura all'altezza del balcone.

Nonostante la paura della zampogna, Lida non sapeva resistere a lungo nel suo nascondiglio e carponi si avvicinava a quell'apertura per vedere cosa accadeva nella stanza sottostante. Una volta si sporse un po' troppo, perse l'equilibrio e cadde giù. Per fortuna lo zampognaro, alzando la testa, aveva scorto il visetto curioso della bambina che del resto aveva già visto altre volte. Con grande presenza di spirito riuscì a prevenire quel volo aprendo le braccia al momento giusto, fra le risate della famiglia e dei vicini di casa che venivano per ascoltare la novena: la stanza era piena zeppa di gente. Lida non si era tanto spaventata per la caduta in sé, quanto per essersi trovata così vicina a quel terribile uomo col suo strumento di supplizio pieno di bambini.

Fra l'altro, la storia dei bambini che piangevano dentro il sacco della zampogna restò sempre il grande segreto fra lei e Arturo.

Gli occhi dei bambini

Chi di noi cosiddetti adulti è effettivamente in grado di leggere negli occhi di un bambino? Non soltanto di guardare, ché questo lo sanno fare più o meno svogliatamente tutti, ma di vedere cosa riescono ad esprimere subito dopo la nascita e nei primissimi giorni di vita. Stupore, paura, spesso angoscia. E soprattutto attesa: cosa mi è accaduto, perché tutto è cambiato e dove mi trovo? Chi sono questi esseri che gridano, mi maneggiano... ecco cosa si può leggere negli occhi di un bambino. Ma se si riesce a scrutare nel più profondo, è possibile sentire un grido di nostalgia, straziante, disperato.

Subito dopo inizia il processo di apprendimento e capisce di avere una voce. Ma può articolarla soltanto urlando, come del resto fanno gli altri esseri che gli stanno intorno. Più tardi riuscirà anche a interpretare quei suoni, in un primo momento del tutto incomprensibili, e a formulare lui stesso le prime parole per comunicare col mondo: sente che è estremamente importante farsi capire, se vuole sopravvivere. Abbastanza presto scopre di avere delle necessità impellenti difficile da soddisfare senza un aiuto esterno: ci vuol poco per diventare dipendenti dalla volontà altrui!

Perde definitivamente quella libertà goduta fino a pochissimo tempo prima e, insieme alla libertà, lo stato di beatitudine.

La perdita definitiva del famoso paradiso terrestre.

Il primo impatto può essere positivo ma anche negativo; dal primo approccio dipenderà il futuro di questo nuovo membro della società umana. Ma nessuno ne è cosciente. I famosi primi tre anni di vita decidono sull'equilibrio, la fiducia, la sicurezza, la capacità di amare: in questi primi tre anni si impara il difficile mestiere di vivere.

Mancano purtroppo gli insegnanti, nonostante i tanti allievi.

Il tema dell'infanzia mi occupa posso dire già dalla nascita: ho ricordi lucidissimi perfino dei sogni che facevo, dei pensieri, riflessioni, considerazioni sugli adulti e sulla vita.

Ho voluto fissare sulla carta le memorie di quella bambina che vive ancora in me e che morirà insieme a me.

Indice

Altri libri di Ada Zapperi Zucker:

La casa del nonno
Romanzo
2016, 264 pagine, 13,80 €

Das Haus in der Widenmayerstraße
Roman
2017, 266 pagine, 13,80 €

Le inquietudini della sora Elsa
Racconti
eBook
2016, 182 pagine, 7,99 €

Das Unbehagen der Sora Elsa
Erzählungen
2016, 216 pagine, 13,80 €

Über Frauen und andere Geschöpfe
Storie di donne e altre creature
Racconti in due lingue
2015, 128 pagine, 11,80 €

La Cucchiara
Racconti siciliani
2015, 192 pagine, 12,80 €

Un giorno a Bolzano
Racconti
2014, 224 pagine, 11,80 €

Ein Tag in Bozen
Erzählungen
2014, 224 pagine, 13,80 €

Teatro di ombre
Romanzo
2012, 200 pagine, 14,00 €

Theater der Schatten
Roman
2013, 256 pagine, 11,80 €

La scuola delle catacombe
Racconti del Sudtirolo
2012, 224 pagine, 9,80 €

Die Katakombenschule
Erzählungen aus Südtirol
2012, 248 pagine, 11,80 €

Le inquietudini della sora Elsa
Racconti
2011, 176 pagine, 13,00 €

Das Schweigen
Roman
2010, 168 pagine, 16,80 €

Il silenzio
Romanzo
2009, 160 pagine, 12,00 €

FSC
www.fsc.org
MIX
Papier aus verantwortungsvollen Quellen
Paper from responsible sources
FSC® C105338

Stampato nel mese di Settembre 2018
BoD, D-22848 Nordstedt